国际儒学联合会资助出版

典亮世界丛书

《道法自然　天人合一》，彭富春　编著

《天下为公　大同世界》，干春松、宫志翀　编著

《自强不息　厚德载物》，温海明　主编

《民惟邦本　本固邦宁》，颜炳罡　编著

《为政以德　政者正也》，姚新中、秦彤阳　编著

《革故鼎新　与时俱进》，田辰山、赵延风　编著

《脚踏实地　实事求是》，杜保瑞　编著

《经世致用　知行合一》，康　震　主编

《集思广益　博施众利》，章伟文　编著

《仁者爱人　以德立人》，李存山　编著

《以诚待人　讲信修睦》，欧阳祯人　编著

《清廉从政　勤勉奉公》，罗安宪　编著

《俭约自守　力戒奢华》，秦彦士　编著

《求同存异　和而不同》，丁四新　等　编著

《安不忘危　居安思危》，吴根友、刘思源　编著

国际儒学联合会·典亮世界丛书

集思广益
博施众利

章伟文 编著

人民出版社

出 版 说 明

　　2014 年 9 月 24 日，习近平主席在纪念孔子诞辰 2565 周年国际学术研讨会暨国际儒学联合会第五届会员大会开幕会上的讲话中，提出了包括儒家思想在内的中国优秀传统文化中蕴藏着解决当代人类面临的难题的重要启示："关于道法自然、天人合一的思想，关于天下为公、大同世界的思想，关于自强不息、厚德载物的思想，关于以民为本、安民富民乐民的思想，关于为政以德、政者正也的思想，关于苟日新日日新又日新、革故鼎新、与时俱进的思想，关于脚踏实地、实事求是的思想，关于经世致用、知行合一、躬行实践的思想，关于集思广益、博施众利、群策群力的思想，关于仁者爱人、以德立人的思想，关于以诚待人、讲信修睦的思想，关于清廉从政、勤勉奉公的思想，关于俭约自守、力戒奢华的思想，关于中和、泰和、求同存异、和而不同、和谐相处的思想，关于安不忘危、存不忘亡、治不忘乱、居安思危的思想，等等。"习近平主席的重要讲话高屋建瓴，视野宏大，思想深邃，深刻阐明了中华优秀传统文化为人们认识和改造世界提供的有益启迪，为治国理政提供的有益启示，为道德建设提供的有益启发，对传承弘扬中华优秀传统文化具有长远的根本的指导意义。

　　为把学习贯彻落实习近平主席这一重要讲话精神进一步引向深入，国际儒学联合会与人民出版社共同策划了"典亮世界丛书"。丛书面向对中华文化感兴趣的海内外读者，以习近平新时代中国特色社会主义思想为指导，结合新时代中国的治国理政实践，由在中华传统文化领域深耕多年的学者担纲编写，从浩如烟海的中华典籍中精选与这十五个重要启示密切相关的典文，对其进行节选、注释、翻译和解析，赋予其新的涵义，以帮助读者更好地理解中华优秀传统文化之于当代中国的价值，为解决当代人类面临的难题提供中国方案，让中国优秀传统文化同世界各国优秀文化一道造福人类！

　　我们应秉持历史照鉴未来的理念，传承创新包括儒学在内的中华传统文化，把那些跨越时空、超越国度、具有当代价值的文化精神弘扬起来，倡导求同存异，消弭隔阂，增进互信，促进文明和谐共生，弘扬和平、发展、公平、正义、民主、自由的全人类共同价值，为共创后疫情时代美好世界、推动构建人类命运共同体而努力。

国际儒学联合会、人民出版社

2022 年 4 月

目　录

引　言

　　本书主要对"集思广益，博施众利"的文化精神进行阐释。从哲学方法论而言，"集思广益"相当于"从群众中来"，"博施众利"亦可以用"到群众中去"来总其精义。我们力争于此书中，对"集思广益，博施众利"的理论来源、思想流变、核心思想、当代价值等做出简要说明。

一

　　三国时期，蜀国丞相诸葛亮鼓励属下参、署众人积极参与国家军政事务之讨论，在《教与军师长史参军掾属》中，他提出"夫参、署者，集众思，广忠益也"，要求大家畅所欲言，多方发表意见、对国事提出咨议，在此基础上，通过集中众人的智慧，为正确决策奠定基础。"集思广益"一词，大概由此而发端。

　　当然，这并不意味着从诸葛亮始，方有集思广益之可能。《论语》说："有朋自远方来，不亦乐乎"（《学而》），"多闻阙疑""多见阙殆"（《为政》），"见贤思齐焉，见不贤而内自省也"（《里仁》），"敏而好学，不耻下问"（《公冶长》），"三人行，必有我师焉，择其善者而从之，其不善者而改之"（《述而》），"以友辅仁"（《子路》），等等，皆说明孔子及其弟子就非常重视集思广益，注意从师长、朋友、他人等处学习，以增广自己的见闻，从而生发出治世、修身的大智慧。

应该说，还有许多材料能够证明，"集思广益"等实践智慧在华夏民族中有更早的运用。历史地看，要真正做到集思广益，首先就要尚贤。若能集中各个领域最有智慧的贤才、群策群力，就能为集思广益奠定坚实的基础。孔子说："举直错诸枉，能使枉者直"（《论语·颜渊》）；墨子说："尚贤者，政之本也"（《墨子·尚贤》），就充分说明了这一点。虽然老子说"不尚贤"（《道德经·三章》），法家则崇尚法，但这都是在特定语境下的"正言若反"，"不尚贤"并不意味着"不用贤"，人才对国家、政权的兴盛与否起着至关重要的作用，正如司马迁所说："得人者兴，失人者崩"，只有识人、得人，任人唯贤，知人善任，才能成就大业。

战国时期黄老道家的代表作《鹖冠子》，对于集思广益，尊贤、尚贤，也有精彩论述。《鹖冠子》一书指出，集思广益、博选众贤，重在因人的不同性情、发挥人的不同才能，这与老子道家尊道贵德、因循自然的思想有相近处。统治者尊贤能之人为自己的老师，就可能成就帝业；视贤能之人为朋友，可以成就王业；把贤能之人当作自己的贱奴或仆从，则可能会亡失天下。

第二，要做到集思广益，人们还必须具备"以虚受人"的谦虚态度。正所谓"满招损，谦受益""海纳百川，有容乃大"。因为心虚方能接受他人的合理化建议，若一个人总自以为是，则听不进别人的正确意见，如此则容易被自己的私意所蔽，不可能做到集思广益。

历史上，孔子就特别善于通过别人的经验、教训来学习并自我提升。他说："三人行，必有我师焉，择其善者而从之，其不善者而改之。"（《论语·述而》）向他人学习，最要紧的是要有谦虚的态度、内省的精神，要经常反省自己的不足，细心观察他人的长处；通过虚心、诚恳地向他人的长处学习，才能真正自我完善和提升。一个人是这样，一个社会乃至一个国家也同样如此，只有不断虚心、诚恳地向他者的长处学习，才能不断完善自己，使自己越来越优秀、越来越强大。

第三，虚心听取种种意见之后，还要求我们善于"听微决疑"，从众多意见中整合、分析出哪些建议更有实践意义，从而真正体现出集思广益的价值所在。孔子说："多闻阙疑，慎言其余，则寡尤；多见阙殆，慎行其余，则寡悔"（《论语·为政》），要求将学习与思考相结合，对于没有把握、不能确定的事，对之要慎思明辨、有些甚至可以持保留态度；而对那些有把握、能够确定的事，则要敢于在实践中谨慎地加以实施。

《礼记·中庸》亦说："博学之，审问之，慎思之，明辨之，笃行之。"依此而论，则正确决策与实践的过程，似乎也可以划分为五个阶段：先是博学（广博地学习），即收集信息，吸取知识；其次是审问（详尽地追问），即提出问题，解除疑惑；然后是慎思（谨慎周密地思考），即消化整理，融会贯通；再进行明辨（清晰明确地分辨），即形成概念，择定结果；最后笃行（切实地实行），即将认知付诸实践，完成德性的实践形式。

《鹖冠子》也强调人们处理天下、国家大事，要有"听微决疑"之能。因为远自近始，显由隐至，大由小成，众由少积，天下事物莫不从不起眼的细微之处开始，因此，要重视对事物细微难明之本根的探究。其谓："见日月者不为明，闻雷霆者不为聪。事至而议者，不能使变无生。故善度变者观本，本足则尽，不足则德必薄、兵必老，其执能以褊材为褒德博义者哉！"（《度万第八》）那些能够看见日月之明的人，虽见之而不可谓其眼力好；那些能够听闻到雷霆震响声音的人，虽闻之而不可谓其听力好。事情之变已然发生，然后再论其是否适宜，虽其不宜，亦不能使之不发生。所以，人们想要考核某个人，推测、预计事情未来变化、发展趋势，就一定要善于把握人之情性与事物之根本；能够把握人、物之根本，就可以充分掌握人与物的变化发展法则、规律。为此，《鹖冠子》举了一些例子给予说明：如对那些富有财富的人，要观察其如何施其财予人，便足以识别其是否真正具有仁爱之心；对那些具有尊贵地位的人，要观察其如何为国家、社会举荐人才，便足以识别其是否真正尽忠职守；观察一个人耻于不行之事为何，便足以知晓其是否能够行义；观察一个人在面对威逼、压迫之时的表现，便足以知晓其是否真正具有勇气；对于那些处于贫困境地的人，观察其宁守贫困而不贪取者为何物，如此便足以辨别其是否真的廉洁，如此等等。如果察人、做事不能把握根本，必然导致文治之德浅薄，武治之士气衰颓，难以成就弘大之德、广博之义。

第四，集思广益的目的，主要在于群策群力，将众人的智慧拧成一股绳，高效处理好各项要务。《周易·系辞》说："二人同心，其利断金；同心之言，其臭如兰。"众人齐心协力，凝聚力量，这股力量就像锋利的刀一样，可以斩断坚硬的金属。

《鹖冠子》也提出："夫寒温之变，非一精之所化也；天下之事，非一人之所能独知也；海水广大，非独仰一川之流也。是以明主之治世也，急于求人，弗独为也。"（《道端第六》）天地间气候寒温之变化，非由金、木、水、火、土五行之精的某一精气来造成。天下之事纷繁复杂，非一个人的智慧所能够独知；广阔的海洋之水浩瀚无涯，亦非依靠一条河流之水注入而成。因此，贤明的君主治理天下国家，也应该急切地罗致贤才，以佐助自己。要使贤良才士能够各自尽其所能，如遭遇祸患、国有大难，要任用那些武勇之士来处理；外交往来、缔结盟约之事，要任用那些外交辩士来处理；谋划大事、确定行动之纲领，要任用那些智谋之士人处理；接待宾客、送往迎来之事，要任用那些知礼、明礼之士来处理；参赞自然天地之化育、统率天下之诸侯，要邀请圣明之人来充任之，等等。如此，则能达成集思广益、群策群力的良好工作环境和氛围。

第五，真正做到了集思广益，就能朝美美与共的理想状态迈进。《鹖冠子·环流》载："故东西南北之道踹，然其为分等也。阴阳不同气，然其为和同也。酸咸甘苦之味相反，然其为善均也。五色不同采，然其为好齐也。五声不同均，然其可喜一也。"统摄宇宙万有之道，可以称其为一；而达成同一之道的各种差异性方法，则可以称其为方术。道应通过多样性的方术来达成，而不可能用某一种固定的方法来呈现。所以，人们应当重视呈现道的多种多样的方术，此则为我们这里所理解的"美美与共"的一个视角、向度。《鹖冠子》认为，人们虽然踏在东、西、南、北不同方向的道路上，但其皆为有方向、方位之区分的道路，则是相同的；阴阳乃性质不同之气，然其互为相应、互为调和，以成阴阳会合的冲和之气，则是相同的；酸、咸、甘、苦之味道虽然相反，然其皆可以调成美好的味道，则是相同的；青、赤、黄、白、黑，乃五种不同的色彩，然其皆能够组成美丽的图案，则是相同的；宫、商、角、徵、羽乃五种不同的音阶，然其皆可以组成为人所喜爱的和谐音调，则是相同的。相反、相克者，未始不可以相成，故"积往生跂，工以为师；积毒成药，工以为医。美恶相饰，命曰复周；物极则反，命曰环流"（《鹖冠子·环流》）。腿部骨骼弯曲的残疾之人以足趾跛行、行之若舞，其法累积下来，就形成了所谓的"禹步"，百工之人效法之、以舞降神而成巫师；物类各异、其性相害则为"毒"，积累物性相害之"毒"而成治病的良药，百工之人取法之、以毒攻害而成医生。美与恶相互包含，"美"之中藏有向"恶"转化的可能，"恶"之中藏有向"美"转变的可能，二者既相互对立又相互转化，这可以称其为反复、周回。

二

"集思广益"与"博施众利"常联系在一起。《论语·雍也》中，记载了子贡与孔子之间这样的一段对话：

　　子贡曰："如有博施于民而能济众，何如？可谓仁乎？"子曰："何事于仁，必也圣乎！尧舜其犹病诸！"

　　在对话中，子贡问孔子，如果一个人能做到广泛地满足老百姓的要求，无私地帮助大家，应该怎样评价这个人的功业呢？孔子认为，其功业不仅达到了"仁"，而且达成了"仁"之至极也即是"圣"的境界！历史上，尧、舜等圣王都很难达成这样的功业！在孔子看来，一个人如果能够以自己的仁德之心为基础，"修己以敬"，在此基础上，更进一步，"修己以安人""修己以安百姓"（《宪问》），循着百姓的要求，"因民之所利而利之"（《尧曰》），此为圣王之功业。若从词源学意义上来说，《论语》所说"博施于民而能济众"，应该是"博施众利"一词的重要来源之一。

　　随着时代和社会发展、变化，"博施众利"的具体内容和形式也会相应发生改变，但其基本精神却一直流传至今。中国传统文化倡导"博施众利"，首先强调要利国、利民，因为民众是社会的基础，"众利"即"民利"。魏源被誉为近代中国"睁眼看世界的第一人"，他认为判断社会历史发展进步与否的重要标准为"利民"，即要有利于人民，所谓"履不必同，期于适足；治不必同，期于利民"（《魏源集·默觚下》），有了"利民"这个标准，则社会治理、社会变革与创新就有了价值评判的准则。中国古代有"民惟邦本"的说法，《古文尚书》记载："皇祖有训：民可近，不可下。民惟邦本，本固邦宁"，强调民众是国家的根本或基础，只有百姓安居乐业、生活稳定，国家才能安定。战国时期孟子提出"民为贵，社稷次之，君为轻"，《荀子》中有"水能载舟，亦能覆舟"，这些"重民"思想，究其精神实质而言是一脉相承的，由此，便形成了儒家所推崇的"民本"思想；而"民本"也是儒家"博施众利"思想的根基所在。

　　从字义上讲，"国"字本义是"邦国""封邑"的意思，繁体"國"

字的构形，有土地（繁体"國"字里面的"一"，代表土地）；有保卫城池、土地的武力"戈"；"国"字外面的"囗"，也表示这块土地、城池四方皆有武装保护、看守。民众的利益由国家给予保护，故"利民"与"利国"紧密关联在一起。

从"利国""利民"思想中，发展出中国人的爱国主义精神。人们心系民族和国家安危，以天下为己任，这是"博施众利"中"利国""利民"思想发展的必然结果。爱国主义精神始终是中华民族精神的核心，从古至今，激励着一代又一代中华儿女在民族危亡关头，前赴后继，追求国家和民族的自由、幸福与独立。如我们所熟知的南宋著名诗人陆游，他一生命运多舛，在年过半百、大病一场之后，又被罢官，一个人困居他乡，一般人难免为此愁苦自伤，但他却没有纠结于自己个人的不幸遭遇，而是忧心国事，在《病起书怀》一诗中，他写道："病骨支离纱帽宽，孤臣万里客江干。位卑未敢忘忧国，事定犹须待阖棺。"表达了自己虽然职位卑微，但却从不敢忘怀要为国分忧的爱国主义精神。

又如林则徐，他是清代鸦片战争时期著名政治家、思想家和诗人，曾两次受命担任钦差大臣，到广州查禁鸦片，抵抗西方列强侵略。1842年8月，林则徐被革职、充军伊犁，途经西安，口占留别家人："力微任重久神疲，再竭衰庸定不支。苟利国家生死以，岂因祸福避趋之！"（《赴戍登程口占示家人》）表达了只要对国家、人民有利的事情，自己一定勇于承担，不惜生死，虽遭革职、充军，也无悔意。"苟利国家生死以，岂因祸福避趋之"，表达了林则徐在禁烟、抗英问题上不顾个人安危的牺牲精神，其与陆游"位卑未敢忘忧国"，文天祥"人生自古谁无死，留取丹心照汗青"（《过零丁洋》），明清之际顾炎武的"天下兴亡，匹夫有责"（《日知录》卷一三）等一道，成为后世许多忧国忧民的爱国之士用以自警自励的名言。

第二，实施"博施众利"的前提，必须要在整个社会确立起公正、廉明的价值理念和精神。《礼记·礼运》说："大道之行也，天下为公，选贤与能，讲信修睦。故人不独亲其亲，不独子其子，使老有所终，壮有所用，幼有所长，矜、寡、孤、独、废疾者，皆有所养。""大同社会"是儒家理想中人人平等、友爱互助、天下一家的太平盛世，其主要特征是：人人平等，所有人皆安居乐业；每个人都能得到社会的关爱；货尽其用，人尽其力。

北宋著名思想家程颢、程颐《二程遗书》卷一一说："一心可以丧邦，一心可以兴邦，只在公私之间尔"，公其心，则有利于兴邦；私其心，很有可能丧邦，故每个人皆要发扬其公心，承担起其所应尽的社会责任。张载有"为天地立心，为生民立命，为往圣继绝学，为万世开太平"的名言，此"四句教"特别强调了为人类社会建构精神高尚之价值体系，赋予人的生命以积极意义，传承优秀学统之精神，开创万世太平之政治理想，这是君子所应当承担的重要责任。此说从社会理想之建构、生命意义之追寻、学术传承之延展、太平盛世之创建等四个方面，将张载作为一代儒宗的崇高价值理想、追求，淋漓尽致地表现了出来。

中国古代有《官箴》，收集居官之格言。明代有一位官员名叫年富，曾将之刻石，其中有谓："吏不畏吾严而畏吾廉，民不服吾能而服吾公。廉则吏不敢慢，公则民不敢欺。公生明，廉生威。"所谓"公"，即公正无私；"明"即明察是非，有很强的分辨力和判断力；"廉"即廉洁；"威"即威望，有令人信服的公信力。执政当公平公正，要在国家法律和规定程序的框架内进行；官员当以身作则，廉洁自律，克己奉公，不可以权谋私，这样就能为"博施众利"的落实，确立起重要的前提和基础。

第三，要将"博施众利"落到实处，还要通过大力发展社会生产力，为其奠定物质基础。

大力发展社会生产力，若以中国传统文化术语来说，则相当于

"开物成务"。《周易·系辞》谓:"夫《易》,开物成务,冒天下之道,如斯而已者也。""开物"即揭开事物真相,弄清事物的内在联系和规律;"成务"即根据事物的内在联系和规律,确定适当方法,把事情做好做成。这是古人从《周易》的变化规律及社会功用中所悟出的认识世界、改造世界、服务社会的思想方法和行动纲领,蕴含着朴素的科学精神。

"博施众利"离不开"开物成务",大力发展社会生产力。同时,利众、利他还要讲究方式、方法。中国古代流传着这样的谚语:"授人以鱼,不如授之以渔",也就是说,与其直接给人某种东西,不如教人学会如何获得它的方法,使他能够通过自身的努力获得这种东西。因此,利他、帮助他人的长远有效方法,是使他能够自立、自强。

第四,要将"博施众利"落到实处,还要有更宽广的国际视眼,要致力于维护世界和平。若以中国传统文化术语来说,就是要"协和万邦"。《尚书·尧典》说:"克明俊德,以亲九族。九族既睦,平章百姓。百姓昭明,协和万邦。""协和万邦"要求国与国之间,不论大小、强弱,皆要做到互信、互利、平等、协商,谋求共同发展,这是中国文化整体和谐观的重要表现,是中华民族文化精神的核心观念。

墨家学派则强调"兼爱",指出"天下之人皆相爱,强不执弱,众不劫寡,富不侮贫,贵不敖贱,诈不欺愚"(《墨子·兼爱中》)。"兼爱"强调每个人都应像爱自己一样爱他人,像爱自己的家人、国人一样爱别人的家人、爱别国的人,这种相爱不分亲疏远近、尊卑上下,是平等的、没有差别的互爱。如果做到兼相爱,就能够避免人与人、家与家、国与国之间的相互攻伐、侵害,进而实现互利,形成"天下之人皆相爱"的局面,这也是墨子和墨家学派对理想的国与国之间关系的一个设想。

应该说，"兼相爱""交相利"的和平、发展理念，已经成为中华文化的内在基因之一；其与儒家"讲信修睦""协和万邦"等价值理念一道，皆可以为当代世界各国正确处理国与国之间的关系提供有益之参考。

第五，要将"博施众利"落到实处，还要有宇宙的情怀，要致力于追求人与自然环境的和谐共生。这大致相当于中国传统文化中所说的"参赞天地之化育"。

《礼记·中庸》说："惟天下至诚为能尽其性，能尽其性，则能尽人之性，能尽人之性，则能尽物之性，能尽物之性，则可以赞天地之化育，可以赞天地之化育，则可以与天地参矣。"天下至诚之人能充分展示自己的天所赋之性，推己及人，他亦能充分帮助他人尽己所禀天赋之性；扩而充之，他还能充分发挥万物所禀之天赋本性，帮助天地养育万物，由此，他就能够与天、地并列而为三才之一。《中庸》此说所蕴含的哲学方法论，追求人与宇宙天地万物为一体，强调人应该有辅天地万物之自然而使其不断臻于完美的责任与担当。故《中庸》说："万物并育而不相害，道并行而不相悖。小德川流，大德敦化，此天地之所以为大也。"鼓励人与万物各自活泼泼地生长、成就独特之自己，如"小德"之川长流不息；又如天地无声无息化育万物那般，对他人与万物一视同仁，如"大德"之敦厚无私、生物无穷。

三

"集思广益，博施众利"，在当代社会仍然具有非常重要的现实意义。"集思广益"离不开尚贤，2013 年 10 月 21 日，习近平总书记在欧美同学会成立 100 周年庆祝大会上的讲话中指出："尚贤者，政之本也。"2016 年 4 月 19 日，在网络安全和信息化工作座谈会上，习近平总书记指出："'得人者兴，失人者崩'……没有一支优秀的人才队伍，没有人才创造力迸发、活力涌流，是难以成功的。念好了人才经，才能事半功倍。"培养社会主义现代化建设急需的各级各类人才，是当前乃至未来中国发展所需高度重视的问题，大至国家、政权，小至机构、团队，都应该重视这一问题。因为人才对国家、社会的兴盛与否起着至关重要的作用，只有识人、得人，任人唯贤，知人善任，才能成就大业，保持国家、社会的长治久安。人才是第一资源，古往今来，培养和重视人才都是富国之本、兴邦大计。

普遍性的文化与哲学观念因其要通过一些具体的生命形式，包括个人、民族、国家来呈现，故在表现方式上必定具有特殊性，从而文化本身亦具有个性，丰富而多彩。据相关统计，世界上有200多个国家和地区、2500多个民族、多种宗教。文明没有高下、优劣之分，只有特色、地域之别。文明差异不应该成为世界冲突的根源，而应该成为人类文明进步的动力。习近平主席在印度世界事务委员会的演讲（2014年9月18日）中提到，中华民族历来注重学习，强调"博观而约取，厚积而薄发"，强调"三人行，必有我师焉。择其善者而从之，其不善者而改之"，提倡"博学之，审问之，慎思之，明辨之，笃行之"，中华民族之所以历经数千年而生生不息，正是得益于这种见贤思齐、海纳百川的学习精神。

有度量，才能有大成就。"有容"即容量大，能包容；"大"指气魄、事业伟大。"有容"是一种道德修养，更是一种生存智慧。它是在承认并尊重个体及社会差异基础上调整、处理自我与他人关系、寻求社会和谐的一种道德自觉，但又不是故意纵容或作无原则的妥协。"有容乃大"其义与"厚德载物"相通，提醒人们立身行事尤其是为官理政，要心胸开阔，善于听取各种意见，宽和对待不同事物，就像大海接纳无数江河细流一样，这样才能养成伟大的品格，成就伟大的事业。我们在面对不同于自己文化的外来异质文化时，可以从自身的实际出发，有选择地吸收、借鉴其优秀的文明成果，以之

集思广益 博施众利

来丰富自己。在这个过程中，因不同质文化之间的相互交流、碰撞，就可能导致原有文化的创新、发展。

"博施众利"，要求全心全意为人民服务，这始终是中国共产党人不变的初心和行动的指南。中国共产党人秉持中华古训"民为邦本"的教诲，顺应人民对美好生活的向往，从人民最关心最直接最现实的利益问题出发，坚定不移推进公平共享，努力争取让百姓有更多成就感和获得感，不断提高人民生活质量和水平。

当今世界，各国人民前途命运越来越紧密相联。我们秉持"世界大同"、和合共生的传统理念，主张各国文化相互尊重、交流互鉴。但也要看到，孤立主义、单边主义在一些国家抬头，为对治此不良趋势，国际社会更应开放包容，坚持多边主义、坚持对话交流，这也是全球治理的重要内容。"协和万邦"思想是中国文化整体和谐观的重要表现，是中华民族文化精神的核心观念。将这一观念所体现的精神落实在当代社会，则要求国与国之间，不论大小、强弱，皆要做到互信、互利、平等、协商，尊重多样文明、谋求共同发展，超越文明冲突、冷战思维、零和博弈等陈旧观念，这符合联合国宪章的宗旨和原则，对世界各国之间构建新型国际关系必将产生积极和深远影响。

《老子》强调帮助别人的"为人"，以及给予别人的"与人"，强调人与人之间应该充盈着"爱"与"无私"；并将"爱人""奉献"与成就自己紧密联系起来，认为越是爱他人、为他人服务，也就越有利于成就自己。可见，中华民族自古以来就倡导不遗余力帮助他人。虽不求回报与感戴，但在这样做的过程中，客观上亦能够有益于自己。引申开来，处理国与国之间的关系、构建社会的和谐，也同样应该遵循"为人""与人"的价值准则。

第一篇

集思广益

从历史来看，要真正做到集思广益，首先就需要博选众贤。俗话说『众人拾柴火焰高』『三个臭皮匠，顶个诸葛亮』，在此基础上，若能集中各个领域最有智慧的贤才、群策群力，则更能够集思广益，达成一加一远大于二的工作效果。另外，要做到集思广益，人们还必须具备『以虚受人』的谦虚态度，正所谓『满招损，谦受益』『海纳百川，有容乃大』。收集到种种意见、信息之后，还要求我们善于『听微决疑』，从众多意见中分辨、整合出真正有价值的建议。集思广益的目的，主要在于群策群力，将众人的智慧拧成一股绳，高效处理好各项要务。真正做到了集思广益，就能朝美美与共的理想状态迈进。

得人者兴，失人者崩。〔1〕

——西汉·司马迁《史记·商君列传》〔2〕

注释

〔1〕语出汉司马迁《史记·商君列传》，此处的"人"，既指民心、人心，也指人才。

〔2〕司马迁（前145—前90），字子长，是我国西汉伟大的史学家、文学家、思想家，他"究天人之际，通古今之变，成一家之言"，创作了我国第一部纪传体通史《史记》，记载了从上古传说中的黄帝到汉武帝元狩元年长达3000多年的中国历史，成为"二十四史"之首，被鲁迅誉为"史家之绝唱，无韵之离骚"。

译文

得到人心或人才，事业才能振兴；失掉人心或人才，其统治就会分崩离析。

解析

人才对国家、政权的兴盛与否起着至关重要的作用。只有识人、得人，任人唯贤，知人善任，才能成就大业，保持国家和政权的长治久安。人才是第一资源。古往今来，人才都是富国之本、兴邦大计。

得到人心与得到人才又相互关联：得人心，必能招致人才；得人才，必然赢得人心。正如习近平总书记2016年4月19日在网络安全和信息化工作座谈会上的讲话中所指出的："得人者兴，失人者崩……没有一支优秀的人才队伍，没有人才创造力迸发、活力涌流，是难以成功的。念好了人才经，才能事半功倍。"大至国家、政权，小至机构、团队，在上位者都须遵从这一理念。

尚贤者，政之本也。

——《墨子·尚贤》〔1〕

注释

〔1〕墨子是春秋战国时期诸子百家中墨家学派的创始人，墨家学说在当时影响很大，与儒、道等并称"显学"。《墨子》一书，由他的弟子及再传弟子编集、整理，提出"兼爱""非攻""尚贤""尚同"等政治哲学思想，在中国哲学史上产生了重大影响。

译文

崇尚贤才，是治国安邦的根本。

解析

"尚贤"即要求执政者崇尚贤能之士，并依据其德行、才能赋予相应的政治权力与地位，使其在国家治理中充分发挥其作用。良好的德才应成为选任官吏的优先原则，墨家则将其作为实现"尚同"之治的重要条件。

2013年10月21日，习近平总书记在欧美同学会成立100周年庆祝大会上的讲话中指出："尚贤者，政之本也"。培养我国改革开放和社会主义现代化建设急需的各级各类人才，是当前乃至未来中国发展所当高度重视的问题。

集思广益　博施众利

故尚贤使能，等贵贱，分亲疏，序长幼，此先王之道也。

——荀子《荀子·君子》[1]

注释

[1]荀子是战国末期著名哲学家，曾三次出任齐国稷下学宫的祭酒，后为楚兰陵令。荀子在学术上继承孔子的"外王"之学，提出了富有特色的"隆礼重法""化性起伪""明于天人之分"等政治哲学思想，对先秦学术进行了总结。《荀子》一书今存三十二篇，除少数篇章外，大部分为荀子亲自著文。

译文

故崇尚贤才任用能人，使尊贵与卑贱有差等，使亲近与疏远有区分，使年长与年幼有次序，这便是先王遵行的原则。

解析

中国古代很多学派都提出过"尚贤"或类似的主张。对儒家而言，"尚贤"是对"亲亲"原则的有益补充。"致天下之治者在人才"，人才是衡量一个国家综合国力的重要指标。

樊迟问仁。子曰："爱人。"问知，子曰："知人。"樊迟未达，子曰："举直错诸枉，能使枉者直。"樊迟退，见子夏，曰："乡也吾见于夫子而问知，子曰：'举直错诸枉，能使枉者直'，何谓也？"子夏曰："富哉言乎！舜有天下，选于众，举皋陶，不仁者远矣。汤有天下，选于众，举伊尹，不仁者远矣。"〔1〕

——《论语·颜渊》

注释

〔1〕知：同"智"。错：通"措"，安置。乡（xiàng）：同"向"，刚才。见（xiàn）于：被接见。皋陶（gāo yáo）：舜时的贤人。伊尹：商汤时期的贤臣。

译文

樊迟问孔子仁的内涵，孔子说："仁者要有爱人之心。"樊迟又问智的内涵，孔子说："智者必善于知人。"樊迟没有完全理解孔子所说话的意思。孔子进一步解释说："如果把正直的人提拔上来，使他们的位置居于不正直的人之上，就能使不正直的人也变得正直。"樊迟退了出来，去见孔子的另一个学生子夏，对子夏说："我刚才去拜见了老师，问他智的内涵，他说：'把正直的人提拔上来，使他们的位置居于不正直的人之上'，这是什么意思呢？"子夏说："老师这个解答，其含义真是太丰富了！舜有天下，在众人中选拔人才，提拔了皋陶，那些不仁的人就远远离开了；汤有天下，也在众人中选拔人才，提拔了伊尹，那些不仁的人就远远离开了。"

集思广益　博施众利

┃解析┃

春秋时期，社会阶级矛盾尖锐。孔子认为，统治者实施"德政"，要以统治者自己的仁德之心为基础，选拔贤能之士，使之居于不肖者之上，如此便能造成一种良性的社会氛围和政治环境，有利于造就风清气正的理想社会。

王鈇[1]非一世[2]之器者，厚德隆俊[3]也。道凡四稽[4]：一曰天，二曰地，三曰人，四曰命[5]。

——《鹖冠子·博选第一》[6]

注释

〔1〕王鈇（fū）：鈇指砍铡柴草的刀、也即铡刀；或以鈇为"斧"，王鈇，直译为王者之斧，古代治理天下国家，其法有二：一曰德，一曰刑，德主生而刑主杀，铡刀、斧钺有肃杀之意，故旧注有以王鈇比喻国之刑名、法制、王法者。或谓王鈇，可喻王者之制。

〔2〕一世：三十年为一世。

〔3〕厚德隆俊：厚待善德之人、广泛选拔俊杰。俊：俊杰、才能之士。或谓此句当作"序德程俊"，乃序人之德品、量人之才能的意思。亦有谓首句当作"博选者，序德程俊也"，并疑"王鈇非一世之器者"与篇题及下文不相类属，当为后世编纂之误。

〔4〕稽（jì）：考察、考证之意。或谓稽有留、止之意。

〔5〕命：命令、制令的意思。

〔6〕鹖冠子相传为战国时楚人，他隐居深山、以鹖羽为冠，因以为号。《鹖冠子》十九篇，内容偏黄老道家。博选：广泛地选拔人才。博：广博、广泛；选：选拔。

译文

王者之制之所以不仅限于一世之用，而能延续千百年之久，要在其能厚待善德之人、广泛选拔俊杰之士。其选拔、任用人才的方法是否合于道，可以通过以下四个方面来考量：一、证之于天之

集思广益　博施众利

道，二、证之于地之性，三、证之于人之情，四、证之于君之令。

▎解析▎

　　好的政治制度之所以能够为历史所承认、为社会采纳和遵循，原因就在于其能够使优秀人才不断涌现出来并得到合理使用；一项政治制度的好坏，可以从其是否合于天之道、地之性、人之情、君之令等四个方面来衡量。

权人〔1〕有五至〔2〕：一曰伯己〔3〕，二曰什己〔4〕，三曰若己〔5〕，四曰厮役〔6〕，五曰徒隶〔7〕。

——《鹖冠子·博选第一》

注释

〔1〕权人：衡量、考察人才；权：衡量之意。或谓上文"道凡四稽"，与此句"人有五至"相对，以此处之"权"为衍文，当删。亦有谓"权"当与上文"命"相连属，读成"四曰命权"。

〔2〕五至：招引人才的五种渠道、路径，即下文的伯己、什己、若己、厮役、徒隶。至：引至、来到之意。或谓五至有五等的意思。

〔3〕伯己：德行、能力百倍优于自己的人。伯，当作百。

〔4〕什己：德行、能力十倍优于自己的人。什，当作十。

〔5〕若己：德行、能力与己相当的人。若：如、像之意。

〔6〕厮（sī）役：仅驱使的仆从。厮：早期白话多指男性仆人。

〔7〕徒隶：私属贱奴。徒：私属之意。隶：贱奴。或谓服役的罪犯。

译文

选拔、任用人才，有五种方式：第一种是从德行、能力百倍优于自己的人中选取，第二种是从德行、能力十倍优于自己的人中选取，第三种是从德行、能力与自己相当的人中选取，第四种是视贤才为自己的仆从，第五种是视贤才为自己的私属贱奴。

|解析|

　　选拔、任用人才有五种方式，归纳起来，可以分为两类，即从德行、能力优于自己或者相当于自己的人中选取，另一种即是视贤才为自己的仆从或者私属贱奴。

所谓天者，物理情者也〔1〕；所谓地者，常弗去者也〔2〕；所谓人者，恶死乐生者也〔3〕；所谓命者，靡不在君者也〔4〕。君也者，端神明者也〔5〕；神明者，以人为本者也〔6〕；人者，以贤圣为本者也〔7〕；贤圣者，以博选为本者也；博选者，以五至为本者也。

——《鹖冠子·博选第一》

注释

　　〔1〕物理情者也：此句"物"通"勿"；"物理情者也"当作"勿理情者也"，与下文"地者，常弗去者也"相应，可以理解为：天运有其恒常之道，非关人、物之情与性，如《荀子·天论》所说"天行有常，不为尧存，不为桀亡"之意。

　　或谓此句当作"理物情者也"，意指天之功能在于统理万物之情性。理：本意为顺玉之文而剖析之，引申为治、理之意；物：万物；情：此处喻物之性。

　　〔2〕常：恒久之意。弗去：不失去之意。大地恒承天之施气以生物、久而不失。

　　〔3〕恶死乐生：人之情，喜欢活而厌恶死，故生死关头尤其可以考察、验证一个人的品性。

　　〔4〕靡（mí）：无之意。发号施令，无不自君上而出；号令得其正，则人皆听从之。

　　〔5〕端：直、正之意，或谓引出之意。神明：由人之精神所发的玄明妙智；或谓神明为引出万物者；或谓神明即人之精神。

　　〔6〕以：因循之意。或谓精神寄于人体之中，故以人为本。本：

根本。

〔7〕贤圣：贤能、圣明之人。或谓"贤圣"当作"圣贤"，指明君。

┃译文┃

天运有其恒常之道，无关人、物情性之私，故博选之道当取法天之公正无私、不偏不倚；大地恒承天之施气以生物、久而不失，故王者之制当取法地之性，恒久坚持、时刻不忘广泛选拔、任用人才；人情乐生而恶死，故可于生死关头考察、验证一个人的品性；国之法令皆自君出，对人才亦要验之以法令，看其能否遵王制、法令而行。人君之责重在博选人才，人君清静无为，便可能生发神明妙智；此神明妙智以因循人之不同性情、发挥人的不同才能为根本；因任人之才能、性情，又当以人之中的贤能、圣明者为重点；要使人群中的贤能、圣明之才脱颖而出，有赖于王者之制的广博选拔之功；广博选拔人才，其妥当与否，又主要通过选拔、任用人才的五种路径、方法来考察。

┃解析┃

博选人才当取法天之公正无私、不偏不倚；当取法地之性，恒久坚持，优中选优；当察人之情，于生死关头验明一个人的品性；当审之以法令，看其能否遵王制、法令而行。博选人才，要因循人之不同性情、发挥人的不同才能，使人群中的贤能、圣明之才脱颖而出，这有赖于五种人才考核方法。

故北面而事〔1〕之，则伯己者至；先趋而后息，先问而后默，则什己者至〔2〕；人趋己趋，则若己者至〔3〕；凭几据杖，指麾而使，则厮役者至〔4〕；乐嗟苦咄，则徒隶之人至矣〔5〕。故帝者与师处，王者与友处，亡主与徒处〔6〕。

——《鹖冠子·博选第一》

注释

〔1〕北面而事：以弟子事师的礼节来厚待人才。或谓"北面而事"，指以臣事君之恭敬来厚待人才。

〔2〕趋：原意为快步小跑，此有趋聘之意。息：气舒为息，气急则为喘；此处，息指气舒而身心安泰。问：问讯、问候、询问之意。默：默然不语之意，博选之道，先要殷勤问候，待贤圣之人语尽，自己方敢默然；或谓此处"默"有潜而不显地追聘人才的意思；又谓默通"墨"，有以墨写聘书以聘贤之意。

〔3〕人趋：派使者趋聘。己趋：自己亲自趋聘。

〔4〕凭几：依靠在桌几旁。据杖：持握手杖。麾（huī）：旌旗，用作指挥的工具；指麾：旌旗之所指，或谓指麾有规划之意。

〔5〕嗟（jiē）：本为表示悲痛哀伤的叹词，此处指带有侮辱性的施舍。咄（duō）：呵斥。

〔6〕帝：帝王，指能行天道、举措审谛、统治天下的人。王：封建时代的最高统治者。汉代董仲舒认为，古代创制文字，三横画而又用竖线连接其中，称作王；三横画代表天道、地道、人道，而能够同时通达此三道的人，就可以称王；又说天下人归趋、向往的人就可以称王，而被天下背弃的人则可称之为亡。

┃译文┃

　　因此，以弟子事师之礼节、以臣事君之恭敬来厚待人才，就能够得到德才百倍优于自己的人来辅佐自己。恭敬地趋聘贤才，殷勤地致礼、问候贤才，然后方敢气舒身泰、默然心安，这样的人能够得到德才十倍优于自己的人来辅佐自己。对于贤才之士，先指派使者前往趋聘，然后自己亲自礼迎，这样的人能够得到德才与自己相当的人来辅佐自己。贤人来就，自己或依桌几端然而坐，或持握手杖傲然而立，或对他们颐指气使、发号施令，这样的人只能够得到仆从之类跟随在左右。心情好的时候，则带侮辱性地给予一些施舍；心情坏的时候，就对之大声呵斥，这样的人不可能得到贤者的辅佐，而只能够得到类似于私属贱奴这般人品的人依附自己。所以，尊贤能之人为自己的老师，就可能成就帝业；把贤能之人当朋友对待，就可以成就王业；视贤能之人为自己的私属贱奴或仆从，就会亡失天下。

┃解析┃

　　选拔、任用人才有五种方式：一是以弟子事师之礼节、以臣事君之恭敬来厚待人才；二是恭敬地趋聘贤才，殷勤地致礼、问候贤才；三是先指派使者前往趋聘，然后自己亲自礼迎；四是对贤才颐指气使、发号施令；五是侮辱性施舍，大声呵斥。导致的结果就是，尊贤能之人为自己的老师以成就帝业，视贤能之人为朋友以成就王业，视贤能之人为自己的私属贱奴或仆从而亡失天下。

故德万人者谓之隽〔1〕，德千人者谓之豪〔2〕，德百人者谓之英〔3〕。……信符不合，事举不成〔4〕。不死不生，不断不成〔5〕。计功而偿，权德而言，王铁在此，孰能使营〔6〕。

—— 《鹖冠子·博选第一》

注释

〔1〕隽（jùn）：同"俊"，指优秀、才智出众的人，此谓才超万人方可称俊。另外，隽还可读作（juàn），意为肥美的鸟肉。

〔2〕豪：才超千人为豪。豪字的原意，指颈上长毛粗得像笔管一样的猪。

〔3〕英：才超百人为英。或谓草之精秀者为英，兽之特群者为雄。

〔4〕信符：兵符、虎符等取信于人的各种凭证。事举不成，或谓当作举事不成。

〔5〕不死不生：无旧物之死，则亦无新物之生。不断不成：断：决断；成须有断，无决断则不能成功；事之成，皆有其明确的标准和决断，若不合其标准与决断，则不可谓其事已获功成。

〔6〕计：计算、统计。偿：同"赏"，赏赐。言：此处有令、使之意。营：惑乱的意思。

译文

才智超出万人之上的人，可以称其为俊杰之士；才智超出千人之上的人，可以称其为豪杰之士；才智超出百人之上的人，可以称其为英杰之士。事之成，皆有其明确的标准和决断；若不合其标准

集思广益 博施众利

与决断，则不可谓其事已获功成。王者对待人与事不能两可、骑墙而无明确之态度，其选拔、任用人才一定要名实相符、奖罚分明，根据其所取得的功劳来给予赏赐、权衡其德行来给予恰当之任命，这就是王者之制的治事大法，有此治事大法在此，谁也不能够使天下惑乱。

解析

《鹖冠子·博选》主要讨论选拔人才的重要性及其方法。广泛选拔人才，对统治者来说非常重要。统治者选拔、任用人才的方法有五种，也即此篇所说的"五至"；"五至"是否合于道，则可以通过以下四个方面来考量，即证之于天之道、地之性、人之情、君之令，这就是所谓"四稽"。本篇提出博选人才，重在任人的不同性情、发挥人的不同才能，这似乎与道家尊道贵德、因循自然的思想有相近处，但《道德经》强调"不尚贤"，而此篇则重视广泛选拔人才，并提出选拔人才又当以人之中的贤能、圣明者为重点，还认为统治者选拔、任用人才一定要坚持名实相符、奖罚分明的原则，强调要根据人才所取得的功劳来给予赏赐、权衡其德行来给予恰当之任命，这便于道家思想中，又参杂有儒、墨、法等诸家价值诉求于其中。

道有稽〔1〕，德有据〔2〕。人主不闻要〔3〕，故耑与运尧而无以见也〔4〕，道与德馆而无以命也〔5〕，义不当格而无以更也〔6〕。若是置之，虽安非定也〔7〕。

——《鹖冠子·著希第二》〔8〕

注释

〔1〕道：这里指广泛选拔人才的方法。稽：考核。

〔2〕德：这里指才能之士的德名。据：依据，验证。

〔3〕要：要领、关键。

〔4〕耑（duān）：植物初生时冒出的顶端小枝梢，同"端"，此处有"小"的意思；或谓"耑"当作"常"。运：繁体作"運"，"運"与"浑"通假；浑：盛大水流的声音，故此处"运"有"盛大"之意。尧：通"挠"，扰乱。

〔5〕馆：原意指客舍，即接待宾客的房间。

〔6〕义：此处通"仪"，指礼敬贤才之仪。当：与某物相契合。格：正之意，引申为标准。更：改正。

〔7〕置：处置。安：安宁。定：平定、稳妥。

〔8〕著希："著"有明之意，"希"有希冀之意。

译文

广泛选拔人才，有其考核之法；人才之德名，有其验证之依据。人主不能把握博选人才的要领，当大事、小事纷扰而来时，则智昏而不能明辨之。贤能之士集道德于一身，人主却因自己不能得选才之要，故不能够提拔、显用之；礼贤之仪则不合于标准，亦不

31

能主动改正之。如果这样处置、对待人才，虽然表面看来安宁无事，但实际上却并不稳妥。

解析

选拔、任用人才，有其考核之法。统治者若不能把握博选人才的要领，智昏而不能明辨、显用其才，其统治必不稳固。

故希人者无悖其情，希世者无缪其宾〔1〕。文礼之野，与禽兽同则；言语之暴，与蛮夷同谓〔2〕。

—— 《鹖冠子·著希第二》

注释

〔1〕希人：希望得到人才。悖：悖乱、违逆。希世：希望得到世人之称誉；或谓"希世"乃希望达成治世。缪（móu）：原意为麻的十束，引申为缠绵束缚；或谓"缪"通"谬"，有欺诓之意；亦有谓"缪"同"戮"，弃之意。宾：与主相对待者为宾、为客，若以君为礼贤之主，则待君所礼之贤才为宾、为客；若以名实论之，则实为主而名为宾、为客，故此处"宾"既可指代贤人，亦可以借指与实相对之名。

〔2〕文礼：礼节。野：野蛮。则：法则、式则。暴：粗暴。

译文

故人君希望得到人才，就不能违逆人才之常情；希望得到世人之赞誉，就不能束缚、羁绊贤能才士。故待贤之礼节野蛮，则同于禽兽；待贤之言语粗暴，实同于蛮夷。

解析

统治者要把握博选人才的要领，这样才能明辨贤能之才而显用之，从而得贤才之襄助，此则为"希人"；在"希人"的基础上，又能得世人之赞誉，此则为"希世"。《鹖冠子·著希》主要强调统治者当明"希人""希世"之道，从其"希人""希世"的诉求以及将"君子"作为理想人格的代表，则此篇具较鲜明的儒学色彩。但此篇中也提出，统治者希望广泛选拔人才，就不应该违逆人之常情；希望得到世人之赞誉，就不能束缚、羁绊贤才。君子不喜欢通过歪曲、篡改自己的真性情来行事、处世，但因其所居乃浊恶乱世，故不得不乖逆、违背其真实之所能，掩藏、隐蔽其真实之情感。若就此篇特别看重君子之真性情而论，则其合于道家尤其是《庄子》的"真人"之追求，故其中的道家思想倾向亦非常明显。

无道之君，任用么麽，动即烦浊；有道之君，任用俊雄，动则明白〔1〕。

——《鹖冠子·道端第六》

注释

〔1〕么麽（yáo mó）："么"通"夭"，幼小。麽，细小。"么麽"指心胸狭窄之小人。动：行动，做事，此指国家治理之事。烦浊：心思糊涂、不明白。俊雄：雄才大略、心胸宽广之人。明白：心地清明。

译文

无道之君任用心胸狭窄之小人佐助自己国家治理之事，故在决定国之大事时心思糊涂、不能明究事理。有道之君任用雄才大略、心胸宽广的豪杰之士佐理国政，故在决策国之大事时心地清明。

解析

任用心胸狭窄之小人与任用雄才大略、心胸宽广的豪杰之士佐理国政，结果截然不同。

集思广益　博施众利

时君遇人有德，君子至门，不言而信，万民附亲〔1〕；遇人暴骄，万民离流，上下相疑〔2〕。复而如环，日夜相桡〔3〕。谏者弗受，言者危身，无从闻过，故大臣伪而不忠〔4〕。是以为人君亲其民如子者，弗召自来〔5〕。故曰"有光"，卒于美名〔6〕。不施而责，弗受而求亲〔7〕。故曰"有殃"，卒于不祥〔8〕。

—— 《鹖冠子·道端第六》

注释

〔1〕时君：现任之君。遇：待。至门：亲自上门。附亲：亲附其君。

〔2〕暴骄：残暴骄横。离流：流离失所。疑：猜疑、不信任。

〔3〕复：反复。环：环状。桡，借作"绕"，缠绕、纠缠。

〔4〕谏：讽谏。弗受：不被接受。言：直言。伪：虚伪。忠：忠诚。

〔5〕弗召自来：百姓不召而自来。

〔6〕有光：有荣光、有美誉。卒：终。

〔7〕施：施予。责：责求。受：疑作"爱"。求亲：求百姓亲附。

〔8〕有殃：有灾殃。不祥：不吉祥。

译文

现任之君若能以德待人，贤人、君子就会自己上门佐助其君；这样的君主虽未曾言，亦能获得大家的信任，万众之民皆来亲附于他。现任之君若是待人残暴、骄横，则会导致万民流离、失散，君臣上下相互猜疑、不信任，这种情况恶性循环、往复不已，时时刻刻缠绕在一起。虽有讽谏，却不被接受；臣下若有直言，则可能危及自己的身家性命，如此，则居上之君无从听闻到自己的过错，而居下的大臣们则变得虚伪而不忠诚。故为人君者若能亲爱其民，如同亲爱自己的子孙，则天下百姓皆不召而自来。以此之故，这样的君主就可以获得百姓的赞誉，并最终成就其美名。如果不施仁德予百姓，却责求百姓对己尽忠；自己不爱养百姓，却要求百姓来亲附自己，这就会有灾殃出现，终究是不吉祥的。

| 解析 |

　　君主治理天下、国家，若任用贤才，就能够使国家得到治理，万民亲附；反之，则会有灾殃出现。

集思广益　博施众利

欲知来者察往，欲知古者察今〔1〕。择人而用之者王，用人而择之者亡〔2〕。

——《鹖冠子·近迭第七》

注释

〔1〕来：未来。往：过去。此句类似于《老子·第十四章》："执古之道，以御今之有，能知古始，是谓道纪。"

〔2〕择人而用：先择而后用之。用人而择：先用而后择之。

译文

如果想要预知未来社会究竟会如何，这可以通过考察过去社会的历史来推知；如果想要知道古代社会之情形，亦可以通过考察当今社会的状况而推知。先根据人的不同才德，进行人才选拔；再据其人之具体才能而任用之，这样的君主能够称王于天下。先选好自己私下中意的人重用之，然后才考核其才能，这就不能保证其所重用之人无失误，这样的君主有可能败亡其国家。

解析

如果君主能够广泛地学习各种法度、规律，就能于事物无形、无名，将然而未然之时，即能够对之做出准确判断，故能够具有超出于万人之上的深远智慧，从而治理好天下国家。相反，如果君主不遵循先圣之法度，只依恃自己的尊贵地位以为道，以自己的主观私意为法度，为时俗所拘系，为世论所惑乱，对下愚弄百姓，对上悖逆天命，就会导致天下百姓家家困顿、人人怨恨。选贤以公，则治；择人以私，则乱。

圣与神谋，道与人成[1]。

——《鹖冠子·度万第八》

注释

〔1〕谋：谋划，计议，咨询。成：成就。

译文

圣人治理天下、国家，与神明睿智之人一起谋划；大道行于天下，亦要待人而后成。

解析

这句话主要论述统治者治理天下、国家当任用贤能。

集思广益　博施众利

招高者高，招庳者庳〔1〕。

——《鹖冠子·泰录第十一》

注释

〔1〕招：荐举、招徕；庳（bì）：同"卑"，矮小、低洼、低下。度：法度。

译文

能够荐举高尚者，其自身亦必高尚；那些招徕卑劣之人的人，其自身亦卑劣。

解析

凡是能崇尚道德、执持大道之神明者，就能成就万事而为天下之君长。故真正达成天下大治的起始源头，还在于人的内圣之心的修养。虽未离于己之身、心，但若机心萌动于内，则其影响已经传达到身、心之外，故物以类聚，人以群分，幽隐之道与显明之事不相分离。

楚王临朝为随兵，故若尧之任人也，不用亲戚，而必使能；其治病也，不任所爱，必使旧医〔1〕。

——《鹖冠子·世贤第十六》

注释

〔1〕楚王临朝为随兵：楚王与群臣临朝议政，以随国之兵担任其朝堂护卫。为，用。随，西周姬姓封国，其地约当今湖北随县。若尧：即若敖，楚君熊仪之号；其后一支称若敖氏，世为楚国执政。旧医：富有经验的老医生；或谓旧医为世医，即世代相袭为医者。

译文

楚王与群臣临朝议政，以随国之兵担任其护卫，非必楚人而用之，以显其坦诚而无私。国君如此，则其大臣亦效法之，故其执政若敖氏在治理国家时，任人不用亲戚，而必选贤任能；治病之时，不找自己喜欢的人来为自己治疗，必找那些富有临床经验、世代相袭为医者。

解析

这段话主要讨论治病与治国的道理，认为治病当用良医，治国当用贤能。提出治病与治国同理，其态度皆当公而无私，不任所爱，而必尚贤使能。如重病在身，必待良医；治政亦如此，表达了对治世贤才的渴望。

山上有泽，咸。君子以虚受人〔1〕。

——《周易·咸·大象》

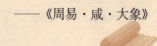

注释

〔1〕《咸》卦，下为艮山，上为兑泽，山顶有泽，泽水下润于山；山的四时之气凝而成云、降而成雨而济泽，故《咸》卦有山泽通气、相感之象。君子法《咸》卦山泽通气之相感，心虚而无私主，则有感皆通，故《大象》说："君子以虚受人"。

译文

山上有泽，以虚而通，故《咸》卦有相感之意。君子观《咸》卦山泽通气、相感之象，虚其心以容受于人。

解析

心虚则能接受他人的合理化建议。自以为是则心实，心实则外物不能入，故心虚方能受，受方能感；人不能感，以不能受，其不能受，以心不能虚故，虚其心则无一毫私意自蔽，如此则无感而不通，故能考察事物正确与否而容受之，择其合于真理者而接受之，从而有感而必通。

宋代理学家程颢等曾说过，天地之常，以其心普万物而无心；圣人之常，以其情顺万事而无情。故君子之学，廓然大公，物来顺应，此所谓"以虚受人"。

子曰："三人行，必有我师焉。择其善者而从之，其不善者而改之。"〔1〕

—— 《论语·述而》

注释

〔1〕三：虚数，泛指多个人。师：取法；效法。

译文

孔子说："几个人一块行走，其中必定有可以为我所取法的人：我选取他们的优点而学习之；了解他们的缺点，自己注意改正。"

解析

善于通过别人的经验教训来学习并提升自我。我们向他人学习，最紧要的是要有谦虚的态度、内省的精神，要经常反省自己的不足，细心观察他人的长处；通过虚心、诚恳地学习他人的长处，自我完善和提升；若发现他人有缺点和不足，也要反省自己是否存在同样的问题，并及时加以改正。《论语》关于"为学"之方的讨论，旨在倡导人们日新其德、自强不息，不断追求进步。一个人是这样，一个社会乃至一个国家也同样如此。只有不断虚心、诚恳地向他人的长处学习，才能不断完善自己，使自己越来越优秀、越来越强大。

集思广益　博施众利

子曰:"见贤思齐焉,见不贤而内自省也。"〔1〕

——《论语·里仁》

注释

〔1〕齐:达到,与之平齐。自省:自我反思。

译文

孔子说:"遇见有德才的人,就要想着努力向他看齐;遇见德才不好的人,就要在内心反省自己是否有同样的缺点。"

解析

遇见有德才的人,就要想着努力向他看齐。"贤"指德才兼备的人;"齐"是看齐,达到同样的水平。只有这样,我们才能不断取得进步,通过日新其德、日新其能,成为更好、更优秀的人。"见贤思齐"是孔子对自己学生的教导,后成为世人修身养德、增进才智的座右铭。其主旨在于鼓励人们善于发现他人长处,激发内心的自觉,主动向道德、学问、技能等比自己强的人学习看齐,从而不断进步。

天在山中，大畜。君子以多识前言往行，以畜其德〔1〕。

——《周易·大畜·大象》

注释

〔1〕《大畜》卦，乾下艮上，乾为天、艮为山，《大畜》卦呈现天在山中之象，天为至大之物，而在山之中，所畜至大之象。君子观象以大其蕴畜，故卦名"大畜"。君子观《大畜》卦之象，当虚怀若谷，多学习前贤之有益言论和实践经验，以培养自己的德性。

译文

天为山所畜，山之所畜养甚大，故卦名《大畜》。君子观山畜养至大之天之象以修身，当虚怀若谷，多学习前贤之有益言论和实践经验，以培养自己的德性。

解析

天乃至大之物，而在山之中、为山所畜养，如此，则山之所畜养甚大。君子观《大畜》卦象，亦应博大其蕴习、畜养之心。人之蕴习、畜养，一般通过学习才能得以广大，这就要求我们要多学习往圣、前贤之言论与实践经验，考其行以观其用，察其言以求其心。

君子多识前言往行，当然不仅仅是以之资足闻见，以为谈资而已，乃在于畜养己德。君子当通过多识往圣、先贤之前言往行，以畜成己之德，此乃《大畜》之义。

风雷，益。君子以见善则迁，有过则改〔1〕。

——《周易·益·大象》

注释

〔1〕《益》卦，震下巽上，震为雷、巽为风，《益》卦呈现风雷相互激荡之象，风雷相得益彰，故卦名"益"。君子观《益》卦之象，见人有善则学习之，自己有过则改正之。

译文

风、雷激荡而相益，故卦名为"益"。君子观风、雷相益之象以修身，见人有好的品质则虚心学习，自己有过错则及时改正。

解析

"风雷，益。君子以见善则迁，有过则改"，《益》上为巽风、下为震雷，风烈则雷震愈甚，雷激则风势益烈，风雷相得益彰，君子观风雷相益之象以修身，见人有善则如风之拂，必虚心学习之；见己有过则如雷之震，必发心改正之，如此则道德可以得到日益完善。

《益》卦之象，风在上，雷在下。作为自然现象的风和雷，配合在一起，越发强劲，能够彼此助长、互相增益。《周易》推阐天道，重在阐明"人事"当然的法则：人类的行为，亦如天之风、雷，彼此助长、互相增益。见善则迁、有过则改，就是这样一种情景。又，风与雷皆有迅疾之特点，故君子改过迁善，亦当雷厉而风行。

满招损，谦受益，时乃天道〔1〕。

——《尚书·大禹谟》〔2〕

注释

〔1〕满：骄傲、自满。招：招来。损：损害、损失。谦：谦虚。受：得到。益：益处。

〔2〕《大禹谟》：出自儒家五经之一的《尚书》，作品中记叙了大禹、伯益和舜谋划政事的上古事迹。谟，谋。

译文

自满将会招来损失，谦虚将会得到益处。以时盈虚，这就是天道之常理。

解析

这句话旨在指明自满之弊、谦虚之利。中华民族自古就以谦虚为美德，认为自满可能使人沾沾自喜，裹足不前；若秉持谦抑自处之道，反而能常处居盈、保泰之境。故自满有可能招致损失，谦虚反而可能使人得到益处。这就如同天道的日月盈虚，《周易》中的《丰》卦说"日中则昃，月盈则食"，意思是太阳升到中天，就开始偏西；月亮一旦盈满，就开始亏缺。这是天地间普遍的自然现象，人道之理亦同于此，自满容易招损，谦虚则可能受益。"满招损，谦受益"，不仅是中国古人修身、养性之道，更是其处世、为人之方。

必有忍，其乃有济。有容，德乃大。

——《尚书·周书·君陈》〔1〕

┃注释┃

　　〔1〕《尚书》：又称《书》或《书经》，是一部多体裁文献汇编，战国时期总称《书》，汉代改称《尚书》，即"上古之书"，是儒家五经之一，内容主要是上古君王任命官员或赏赐诸侯时所发布的政令、诰命等。

┃译文┃

　　必须有所忍耐，才能有所成就。有度量，才能建立大功德。

┃解析┃

　　有度量，才能有大成就。"有容"即容量大，能包容；"大"指气魄、事业伟大。"有容"是一种道德修养，更是一种生存智慧。它是在承认并尊重个体及社会差异基础上调整、处理自我与他人关系、寻求社会和谐的一种道德自觉，但又不是故意纵容或作无原则的妥协。"有容乃大"提醒人们立身行事尤其是为官理政，要心胸开阔，善于听取各种意见，宽和对待不同事物，就像大海接纳无数江河细流一样，这样才能养成伟大品格，成就伟大事业。其义与"厚德载物"相通。

　　文明没有高下、优劣之分，只有特色、地域之别。文明差异不应该成为世界冲突的根源，而应该成为人类文明进步的动力。

子夏曰："博学而笃志，切问而近思，仁在其中矣。"〔1〕

——《论语·子张》

注释

〔1〕博学：就是广泛的求学，或谓博学就是好学。笃志：坚守自己的志趣、志向；笃，坚固、厚重。切问：恳切地发问。近思：多考虑近前的实际问题。

译文

子夏说："广泛地学习，坚守自己的志向；恳切地发问，多考虑近前的实际问题，仁德就在这中间了。"

解析

"博学""笃志""切问""近思"，是君子在学、问、思、辨四个问题上所特别推崇的态度和精神。如何才能学有所得？这首先要求人们广泛学习，全面地了解、看待问题，不能够固陋偏执；在广泛学习的同时，要坚定自己的志向，用博学的知识成就自己的志趣、追求，也就是说，在博学的同时，也要守约；而且，真正的学习，必须以我们自己的生命去真实体验，所以，学习一定要从切近于自己身心的相关问题开始，要真切、诚恳地发问，深刻地思考。只有以这样的态度去学习，我们才会学得牢固、扎实。

子曰："默而识之"〔1〕，学而不厌，诲人不倦，何有于我哉！

——《论语·述而》

注释

〔1〕识（zhì）：通"志"，记住。

译文

孔子说："把所见所闻默默地记在心里，努力学习而不厌烦，教导别人而不知疲倦，这些事情我做到了哪些呢！"

解析

这是孔子所倡导的关于教与学的基本态度与方法。人之所以能够做到勤学而不厌烦，教导别人而不知疲倦，是因为学有所得、学有所乐，所以就可以做到发愤忘食、乐以忘忧，自然也就不会舍弃学习、厌倦学习。在学习的过程中，师友之间互相切磋、琢磨，不仅自己所学日益精进，也能够帮助学生、朋友在品德、能力上日益完善，故教与学能够相互促进。若以此论之，则教与学便是一件非常快乐的事情，君子也就不会因此而感到厌倦。学而自得其乐，教而能助他人得乐，这是教与学的一种崇高境界。

子曰："学而不思则罔，思而不学则殆。"〔1〕

——《论语·为政》

注释

〔1〕罔：蒙蔽；迷惘。殆：危险；懒惰。

译文

孔子说："只'学'而不'思'，则会迷茫错乱；只'思'而不'学'，则会危殆。"

解析

学习和思考、学习和实践是相辅相成的，只是读死书而不认真思考，就会失去自己的主见；如果只是空想而不认真学习、读书，则终究是沙上建塔，一无所得。

君子学以聚之，问以辩之，宽以居之，仁以行之。〔1〕

——《周易·乾·文言》

注释

〔1〕辩：通"辨"，辨别。居：居处。

译文

君子要广泛学习以积聚知识；多思、多问以明辨是非；以宽厚的态度待人，以仁慈之心行事。

解析

此解释《乾》卦九二爻的爻义。《乾》卦九二居下卦之中，中则无过、无不及，这象征着有乾德的君子行事中正而无偏颇，故其最平常的言、行都能够做到严谨而有信；又因其居中不偏，故日用常行中，就能摒除各种邪恶，存其忠诚；九二虽为阳爻，但却甘居阴位，这象征君子善于利益世人，却不炫耀、自夸，从而其恩德能够广博而施、无所不化。《乾》卦九二爻之德，代表的是治世时君子中正、谨信、谦诚、善世、教化的品格与特征。

在此基础上，《乾·文言》说："君子学以聚之，问以辩之，宽以居之，仁以行之。《易》曰：'见龙在田，利见大人。'……君德也。"这主要解释《乾》卦九二爻辞"利见大人"中的"大人"当具有何种品质。"大人"即君子，他的特点如九二爻一般，在于广泛学习以积聚知识；多思、多问以明辨是非；以宽厚的态度待人，以仁慈之心行事。故学习、问辩、居宽、行仁四种美行，乃《乾》

卦九二爻之爻德，可以之为"君德"，也即大人、君子当有的个人修养之德。

天之不违，以不离一，天若离一，反还为物〔1〕。不创不作，与天地合德〔2〕。节玺〔3〕相信，如月应日。此圣人之所以宜世也〔4〕。知足以滑正，略足以恬祸〔5〕，此危国之不可安，亡国之不可存也〔6〕。

——《鹖冠子·天则第四》

注释

〔1〕违：背离。一：宇宙天地万物之最初的开端、本始，宇宙天地未分、混沌一体之状态。反：翻覆；或谓反即"返"，有还复之意。物：有形之万物。

〔2〕创：伤之意，创伤。作：发起，创立。与天地合德：《周易·乾·文言》解释《乾》卦九五爻辞"飞龙在天，利见大人"之"大人"时，提出"夫大人者，与天地合其德"，大人因循万物之性，无私意而顺应之，其德如天地一般，故说大人能与天地合其德。

〔3〕节：符节，取信之物。玺：印玺；周人刻玉为玺，为执政者所持之信物，秦汉以来，玺特指王者的印信。

〔4〕宜世：安世。宜，令所安。

〔5〕知：同"智"，小智。滑（gǔ）：同"汨"，音"骨"，扰乱。正：正确，正道。略：谋略。恬：安心。

〔6〕危国：危机四伏之国。亡国：行将灭亡之国。

译文

天之所以不背离道，乃在于其始终与道混为一体、不相离弃。天如果与道相背离，就会走向自己的对立面而成为有形之一物。圣人不伤害万物，不妄立、妄作某物，而是因循万物之性、无私意而顺应之，故能德合天地、无为而无不为。圣人与天地合其德，就如同符节、印玺之相合、取信，又如日月之相照、相应，这就是圣人之所以能够令世界得到安定的重要原因。相反，奸邪小人之小智足以扰乱正道，其小谋足以使之暂时心安于祸患而不顾；而这恰是危机四伏之国最终不能得平安，行将灭亡之国最终不能得到维持、存续的根本原因之所在。

解析

统治者与天地合其德，这是其能够令世界得到安定的重要原因；相反，奸邪小人扰乱正道，肆其小智谋，使自己心安于祸患而不顾，这恰是危机四伏之国最终不能得平安、行将灭亡、不能存续的根本原因。

故圣王天时，人之、地之，雅无牧能，因无功多〔1〕。尊君卑臣，非计亲也；任贤使能，非与处也〔2〕。水火不相入〔3〕，天之制也。明不能照者，道弗能得也〔4〕。规不能包者，力弗能挈也〔5〕。自知慧出，使玉化为环玦者，是政反为滑也〔6〕。田〔7〕不因地形，不能成谷。为化不因民，不能成俗〔8〕。

——《鹖冠子·天则第四》

注释

〔1〕天时，一作"天之"，与下文"人之地之"对应；"之"，有往的意思，"天之"，即与天贯通的意思。人之、地之，即与人贯通、与地贯通；结合上文，言圣王能够贯通天、地、人三才之道。雅无：雅指合乎规范，正确，如《论语·述而》："子所雅言，诗书执礼，皆雅言也"，朱熹认为"雅，常也"；另外，雅亦可以指称一种名叫楚乌或卑居的鸟，秦地称之为雅，从其"卑居"之名，可以引申出谦而处下的意思。无，即无为，"雅无"即能够正确地做到无为，恒常无为，或者谦而处下、无为而不自是等意。牧：养的意思。"雅无牧能"，大意是指圣王能够谦而处下、无为而不自以为是，故能蓄养众多贤能之才士。因无：因即因循，无即自然无为，"因无"即因循自然、无为而无不为的意思；"因无功多"，大意是指圣王因循自然、无为而无不为，所以，做事所获功业甚多。

〔2〕计：计较、考虑。处：故旧，亲朋好友。

〔3〕入：进去，与"出"相对言；入也有"纳"之义，收纳、接纳。

〔4〕明：光明。道：道术，法术。

〔5〕规：画圆的器具。挈（qiè）：提、举。

〔6〕环：圆形的玉器，常用作表示和盟、和解的象征物。玦（jué）：指环形而有缺口的玉器，常用作表示断绝、决绝的象征物。政：国政。滑（gǔ）：扰乱。整句意同《老子·十八章》："智慧出，有大伪"，《老子·三十八章》："礼者，忠信之薄而乱之首。"

〔7〕田：种植农作物的土地。

〔8〕化：教化。俗：风俗、习俗。

译文

故圣王能够贯通天、地、人三才之道，他能够正确地做到无为而不自以为是，故能蓄养众多贤能之才；他因循自然、无为而无不为，所以做事所获之功业甚多。他治理天下，也有尊其君、卑其臣的情况，但此尊、卑的行为，并不是出于计较、考虑与他自己个人亲疏、远近而做出的主观、私意安排；他也任贤、使能，但这并非因为贤能才士乃是他个人之故旧或亲朋好友的缘故。水与火相克制而不相容，这是天道的法则；君道如水主静、主佚，臣道如火主动、主劳，用贤能而黜不肖、伸公义而罢私恩，这些虽均表现为人之作为，实皆合于水火克制而不相容的自然法则而可以称其为"天制"。道之真常无形、无名，微妙玄通、深不可识，其细微至于为光明所不能够照见，故仅凭法术，并不足以把握之；道至尊至大，为画圆器具所不能包囊，故人之力并不足以提举之。人私用其智，治玉以成环、玦之器以表和盟与决绝，这恰是国政由正确的轨道转向大乱的重要标志。如果不能因循土地的特殊地形、地貌去种植不同的农作物，就不能够产出丰硕的果实。同样，教化社会不因顺百姓之真性，亦不能够真正有效地化民成俗。

解析

圣王治世，必循"天则"而行。天道虽历经久远之岁、年，其运常新而绝不消失、湮灭，这是因为天运的有秩、有度。圣王法天道治世，亦必依法，法能彰明人与万物的自然之性，圣王之法必随物、事之性的不同而制订，这恰是天之道的表现，故可以之为治政的必备之具。圣王适时而使用之，可以达成无为而无不为。

幽则不泄，简则不烦，不烦则精明达，故能役贤能、使神明，百化随而变，终始从而豫〔1〕。神明者，积精微全粹〔2〕之所成也。圣道神方，要之极也。帝制神化，治之期也。

——《鹖冠子·泰录第十一》

注释

〔1〕幽：静定。简：易简。烦：烦扰。精：精气。明：神明。豫：《尔雅》谓："豫，乐也"。

〔2〕"全粹"即"纯粹"，"全"与"杂"对，如《荀子·劝学》："知夫不全不粹之不足以为美也。"

译文

圣人静定则精不泄漏，易简则神不烦扰，不烦扰则精气盛、神明畅达，以此之故，就可以役使贤能、运用神明，随天地万物和人事的千变万化而变化，始终与道相从而心中安适、和悦。神明乃积精微纯粹而成，圣明之道、神妙之方，乃人所追求的终极目标，圣王之制度能够合于道的神明之化，乃治理天下之人所期望达到的目标。

解析

圣人尊崇、重视大道，故能循大道而行、参赞天地化育，改造、变动不合于道的物与事；其静则法泰一之"道"，制定数理、法度，作为万物和人所取法、仿效的榜样。圣人能够做到既不失道之本，亦不弃其功之末，故能够使道之神明贯通于宇宙天地以及人与万物之终始。

知宇，故无不容也；知宙，故无不足也；知德，故无不安也；知道，故无不听也；知物，故无不然也〔1〕；知一而不知道，故未能裹也〔2〕。

——《鹖冠子·天权第十七》

注释

〔1〕德：得于道之谓。听：听从。知物，故无不然也：懂得万物之所以然，故其心无所不然。此与《庄子·齐物论》"然于然，不然于不然；无物不然，无物不可"之意相同。

〔2〕一：一方、一隅，此指物之偏。裹：包罗；笼罩。

译文

得道之人懂得宇宙空间大而无外，故其心无所不容；懂得宇宙时间富有古今，故其心无有不足；懂得天地万物皆秉道化而有，故其心无有不安；懂得大道为万化之主，故其心无有不从；懂得万物之所以然，故其心无所不然。反之，若只知物之一隅、一方而不悟大道，就不能够遍及万物之性。

解析

得道之人，其心无所不容、无有不足、无有不安、无有不从、无所不然。反之，若只知物之一隅、一方而不悟大道，就不能够遍及万物之性。

彼立表而望者不惑，按法而割者不疑，固言"有以希之"也〔1〕。夫望而无表，割无法〔2〕，其惑之属耶！所谓惑者，非无日月之明、四时之序、星辰之行也，因乎反兹而之惑也〔3〕。惑，故疾视愈乱，悖而易方〔4〕。

——《鹖冠子·天权第十七》

注释

〔1〕表：晷表。望：对照日、月、星运行之轨度，望晷表之影。不惑：不感到困惑。法：法式、规则。割：断。疑：怀疑。固：同"故"。希：望。

〔2〕割无法：据上下文，当作"割而无法"。

〔3〕因乎：由于。反：悖乱。兹：指日月之明、四时之序、星辰之行。之：及；以至于。

〔4〕疾视：视不以正。愈：甚。悙：疑作"悖"，悖乱、惑乱之意。易：改变。方：方位。

译文

立晷表而望影，以测日、月、星运行之轨度，人们对宇宙天地的自然法则就不会感到迷惑难解；按照法式、规则进行决断、研判，人们就不会感到疑虑重重。所以说，有法式可循。望影而不立晷表，决断、研判却不按照法式、规则，此属于糊涂之人的所作所为吧！所谓糊涂之人，并不是无宇宙天地日月之明，无春夏秋冬四时之序，无斗转星移之天体运行，而是由于其错误对待日月之明、四时之序、星辰之行等法则，从而使自己变得糊涂。正因为糊涂，

所以他做不到视之以正，从而导致其所看到的世界愈来愈乱，其乱
至于在他的世界里天地之东西南北四方易位的程度。

解析

决断、研判却不按照法式、规则，此属于糊涂之人的所作
所为。

战胜攻取之道，应物而不穷，以一宰万而不总〔1〕。类类〔2〕生之，耀名之所在。究贤能之变，极萧楯之元，谓之无方之传，著乎无封之宇〔3〕。

——《鹖冠子·天权第十七》

注释

〔1〕应：应对。物：外物；外在环境。穷：穷尽。宰：治。万：万变。总：全部；全体，也即与"一"本相对应之众末。

〔2〕类类：相生之貌。

〔3〕变：指因时而动、应物而变。极：尽。萧楯：萧斧、盾牌，武器之代称。元：本。方，始。传：同"转"，转动。《庄子·天运》谓："今蕲行周于鲁，是犹推舟于陆也！劳而无功，身必有殃。彼未知乎无方之传，应物而不穷者也。"著：处。无封：无边界。宇：借为"域"。

译文

战胜、攻克强敌之方法，根据外在环境之变化而无有穷尽。统军将帅执一以应万，不必舍本而逐其末。因能"以一宰万"，故克敌制胜之法类类相生，此统军将帅能够光耀其名的根本所在。探究贤能因时而动、应物而变之道，究极兵戎之事的根本，此可谓之没有限定的转化，能够应对一切；不主常可，常处无边界之域，与天地万物同化。

解析

　　此段主要阐述"天权"也即人们掌握、运用天地自然之道与人事变化法则的重要性，并结合兵事对此进行论证。

　　（1）强调人与道相合的重要性。道随顺物性自然之所能，依从事物天然之情趣，井然序列之，贯通、流行于事事物物。人与道相合，故能无所不容、无有不足、无有不安、无所不然。

　　（2）强调善战者因时而动、应物而变、不主常可，执一以应万，其战胜、攻克强敌之方法，常根据外在环境之变化，而无有穷尽；故克敌制胜之法类类相生，此统军将帅能够光耀其名、立不世之功的根本所在。

博观而约取，厚积而薄发。[1]

——苏轼《杂说送张琥》[2]

注释

〔1〕博观：博览群书。约取：取其精华、去其糟粕。厚积：深厚积累知识、技艺。薄发：慢慢地发出；薄与厚相对照，少量的意思。

〔2〕苏轼（1037—1101），字子瞻，眉州眉山（今四川省眉山市）人，北宋著名文学家。张琥是苏轼的文友，张琥问学于苏轼，苏轼作此文以告之。

译文

博览群书，简约审慎地取其精华；深厚积累知识、技艺，然后慢慢将之发挥出来。

解析

在读书这件事情上，博览群书非常重要，但在博览的基础上，还要重视取其精华，去其糟粕。通过深厚地积累知识，方能够恰当地将之运用自如。

习近平主席在印度世界事务委员会的演讲（2014年9月18日）中提到，中华民族历来注重学习，强调"博观而约取，厚积而薄发"，强调"三人行，必有我师焉。择其善者而从之，其不善者而改之"，提倡"博学之，审问之，慎思之，明辨之，笃行之"。中华民族之所以历经数千年而生生不息，正是得益于这种见贤思齐、海纳百川的学习精神。

集思广益 博施众利

多闻阙疑，慎言其余，则寡尤；多见阙殆，慎行其余，则寡悔。〔1〕

——《论语·为政》

注释

〔1〕阙疑：把疑难问题留着、暂不作判断。阙，通"缺"。尤：错误；过失。阙殆：与"阙疑"对称，其义相近，皆可译作"怀疑"。

译文

多听，对有怀疑的部分加以保留，谨慎地说出自己知道的那部分，这样就能减少犯错；多看，对有怀疑的地方同样保留，谨慎去做自己已经理解的那部分，这样做就能减少懊悔。

解析

要将学习与思考相结合。对于没有把握、不能确定的事，对之要慎思明辨，有些可以持保留态度。而那些有把握、能够确定的事，则要谨慎加以实施。

子曰："不患人之不己知，患不知人也。"〔1〕

——《论语·学而》

注释

〔1〕患：忧虑。不己知：指别人不了解自己。知人：理解别人。

译文

孔子说："不要担心别人不了解自己，而应该担心自己不了解别人。"

解析

这句话大概可以从两个方面来理解，一是君子修身、养性，重在修己之德，故要使仁德实有诸己。若仁德具于心，则不担心别人误解自己；即使别人不了解自己，这也丝毫不损伤君子自身之仁心、仁德，故《论语·学而》说："人不知而不愠，不亦君子乎！"表现出一种心底无私的坦荡胸襟。二是君子要积极理解、认识他人。若不能"知人"，则表明自己可能缺乏辨明是非、邪正的能力，这就应当引起君子的高度警惕。二程的弟子杨时曾说"惟仁者能好、恶人"，意思是只有具备仁心、仁德的人，才有能力去辨别是非、善恶，从而真正地去"喜好"或者"厌恶"一个人。若依此说，君子欲"知人"，必具仁德于心方可。若不能辨明是非善恶，就表明自己仁心、仁德有所欠缺，因而导致不能"知人"，而这恰恰是君子所应当担忧的事情。

致知在格物，物格而后知至。〔1〕

—— 《礼记·大学》

注释

〔1〕致知：求得知识、增进智慧。格：推究。

译文

获得知识、增进智慧的途径在于研究万事万物之理，通过对万事万物之理的研究后才能获得真知、增进智慧。

解析

在与事物的接触中体认人伦日用之道。"格物""致知"出自《礼记·大学》，与诚意、正心、修身、齐家、治国、平天下并称"八条目"。"致知"在于"格物"，二者密切相关，故有时并称"格致"。历代学者对"格物致知"的含义有多种不同的理解：或强调在对事物的接触中穷究其"理"；或强调亲自实践以掌握各种德行、技艺；或以心意所在为"物"，进而以内心的修正为"格物"。

博学之，审问之，慎思之，明辨之，笃行之。[1]

——《礼记·中庸》

注释

〔1〕博：广博。审：详尽。问：追问。

译文

广泛地学习，详尽地追问，谨慎周密地思考，清晰明确地判断，切实地实行。

解释

谨慎周密地思考，清晰明确地分辨。古人认为，人们的学习可以包括五个阶段：先是博学（广博地学习），即收集信息，吸取知识；其次是审问（详尽地追问），即提出问题，解除疑惑；然后是慎思（谨慎周密地思考），即消化整理，融会贯通；再进行明辨（清晰明确地分辨），即形成概念，择定结果；最后笃行（切实地实行），即将认知付诸实践，形成品格。

集思广益　博施众利

天与水违行，讼。君子以作事谋始〔1〕。

——《周易·讼·大象》

注释

〔1〕《讼》卦，下坎上乾，坎为水，乾为天，中国中原地区的大江、大河，如黄河、淮河、长江等，水行自西向东，太阳自东而西，天与水其行两相背戾，是"违行"之象，故天水相违而为"讼"。或曰，天上水下，一上一下，其行有相违之象，故名"讼"。

译文

天行自东而西，水行自西而东，天与水相违而行，故生"讼"。君子观《讼》卦天与水相违行之象，故凡所做事，必谋其始，通过绝诉讼之端于事之始，则诉讼无由而生。

解析

天与水相违而行，二体违戾而生诉讼。君子于事之始，即谨慎预谋之，从而绝诉讼之端于事之始，则诉讼无由而生。故君子于事之始而谋之，察其事理有无违碍，查其人情有无违拂，凡事有不善而可以致讼者，皆杜绝之而不为，则讼端无由自起。

圣王〔1〕者，有听微决疑之道〔2〕，能屏谗权实〔3〕，逆淫辞，绝流语，去无用〔4〕，杜绝朋党之门〔5〕。嫉妒之人不得著明〔6〕，非君子、术数之士〔7〕，莫得当前。故邪弗能奸，祸不能中〔8〕。

——《鹖冠子·天则第四》〔9〕

注释

〔1〕圣王：指圣明的统治者。

〔2〕听：处理。微：微妙。决：决断。疑：疑难。

〔3〕屏：屏弃、排除、杜绝。谗：谗言，不实之言。权：权衡，权量。实：实在之言。

〔4〕逆：拒斥。淫辞：放荡不实之辞。绝：断绝。流语：流言蜚语，造虚假之言，传之如流水然，故称之为流言。去：去除。

〔5〕朋党：不恤公道、通义，为争权夺利或排斥异己而结合起来的团伙。

〔6〕嫉妒（jí dù）：忌妒、憎恶，尤其指对品德、才能等胜过自己的人心怀怨恨、憎恶。著明：显达，提拔而重用之。

〔7〕君子：指有才德之士。术数之士：指有技艺之人。

〔8〕奸：同"干"，冒犯。中（zhòng）：中伤。

〔9〕天：天道。则：自然法则。

译文

所谓圣王，他有处理微妙之事和决断疑难问题的办法，能够摒弃不实的谗言、权衡何为实在的言论，拒斥放荡不实的淫辞，断绝虚假的流言，去除无用之言与物，铲除、杜绝不恤公道、只知争权夺利或排斥异己的朋党团伙。对品德、才能等胜过自己的人心怀怨恨、憎恶，这样的人不能在圣王那里得到提拔、重用，非有才德之君子以及身怀技艺的人，不能为圣王所用、近于其左右。因此，圣王在位，奸邪之人不能逞其奸，灾祸之事不能遂其凶。

┃解析┃

圣王有处理微妙之事和决断疑难问题的办法；圣王在位，奸邪之人不能逞其奸，灾祸之事不能遂其凶。

夫裁衣而知择其工，裁国而知索其人，此固世之所公哉〔1〕。同而后可以见天，异而后可以见人，变而后可以见时，化而后可以见道〔2〕。临利而后可以见信，临财而后可以见仁，临难而后可以见勇，临事而后可以见术数之士〔3〕。

——《鹖冠子·天则第四》

注释

〔1〕裁衣：裁制衣服。择：选择。裁国：治理国家。索：求索，寻求。公：共识。

〔2〕同：相同，同样。异：不同，此指人事殊异、各各不同。变：变化。化：自然化育。

〔3〕术数之士：有才能、技术，会筹谋、规划之能人。

译文

人们裁制衣服，都知道要选择手艺好的裁缝；治理国家也知道要寻求贤良、才能之士，这固然是人们所达成的共识。人们于相同、不变之处，而可以见天道运行的规律；于殊异、不同之处，而可以见具体的个性之人；于变化之中，而可以察春、夏、秋、冬四时之推移；于造化的自然化育中，而可以体察到生生之道的存在。故利益之诱现于前，方可以考察一个人是否能够真正坚守信义；财货之诱现于前，方可以考察一个人是否能够真正坚持仁爱；危难之险现于前，方可以考核一个人是否是一个真正的勇士；疑难之事现于前，方可以考核一个人是否真正够得上是一个有才智、会筹谋规划之能人。

❙解析❙

　　想要治理好国家，必然寻求贤良、才能之士。对于贤才，又应该在具体实践中，对其加以考核。

上下有间，于是设防知蔽并起〔1〕。故政在私家而弗能取〔2〕，重人掉权而弗能止〔3〕，赏加无功而弗能夺〔4〕，法废不奉而弗能立〔5〕，罚行于非其人而弗能绝者〔6〕，不与〔7〕其民之故也。夫使百姓释己而以上为心者，教之所期也〔8〕。八极之举，不能时赞，故可壅塞也〔9〕。

——《鹖冠子·天则第四》

注释

〔1〕上下：此指君、臣与民。间：间隙，不相合。防：提防。知：通"制"，制造。蔽：蒙蔽。

〔2〕私家：指把持国家政权的卿大夫之家。取：夺取。

〔3〕重人：掌握国家重要权力、权倾朝野的权臣。掉（diào）：摇摆，引申为随意摆弄。止：制止。

〔4〕赏：赏赐。加：把本来没有的添上去。无功：无功勋之人。夺：剥夺。

〔5〕废：废弛。不奉：不被奉行、遵守。立：确立，树立。

〔6〕罚：惩罚。绝：杜绝。

〔7〕与：亲附。

〔8〕释：放下。期：期望。

〔9〕时赞：参赞天地四时的化育。壅塞：堵塞。

译文

君与民之间，上下离心离德而不相得，于是便造成君防范民、民蒙蔽君的情况并生。国家政权被卿大所把持却不能将之夺回，权倾朝野的权臣肆意玩弄权力却不能对其加以制止，那些无功勋之人被赏赐却不能将之褫夺，法律废弛不被奉行、遵守，却不能将之确立，惩罚那些本不该受罚之人，这种情况却不能杜绝之，等等，这些情况的出现，都是因为统治者不能够与百姓亲附、不与其民同心同德之故。希望百姓能够不以己心为心，而只以居上位者之心为心，这是政治与社会教化所期待实现的理想目标。天与人不相与，虽宇宙八极之道兴举，居上位者却不能适时参赞此天地四时之化育，故只能堵塞其耳目而不能昌明其道。

┃解析┃

　　上下离心离德而不相得，法律废弛不被奉行、遵守，皆因统治者不能够与百姓亲附、不与其民同心同德之故。同理，天与人不相与，则居上位者必不能参赞天地之化育，必塞其耳目而不能昌明圣道。

昔者有道之取政，非于耳目也〔1〕。夫耳之主听，目之主明。一叶蔽目，不见太山〔2〕；两豆塞耳，不闻雷霆。道开而否〔3〕，未之闻也。见遗不掇，非人情也〔4〕。信情脩生，非其天诛，逆夫人僇，不胜任也〔5〕。为成求得者，事之所期也〔6〕。为之以民，道之要〔7〕也。唯民知极，弗之代也〔8〕。此圣王授业，所以守制也〔9〕。

——《鹖冠子·天则》

注释

〔1〕有道：与道相合之人；或谓"有道之"下脱一"君"字。取：得到，持取。政：政权，统治天下的权力。

〔2〕太山：即泰山。

〔3〕开：开通，通达。否（pǐ）：闭塞不通。

〔4〕掇（duō）：拾取。遗：此指路人遗落之物。人情：人之常情。

〔5〕信情：信同"伸"，信情即伸其情的意思，也即任运其情。脩（xiū）：芟除，扫除。生：同"性"，如告子所谓"生之谓性"。非：违。逆：悖逆，拒斥。僇（lù）：同"戮"，杀戮。

〔6〕为：倾力为之。成：成功。求：追求。事：做事。

〔7〕要：要害，关键。

〔8〕唯：单单，只有。民：百姓。知：主管，掌握。极：终极的价值评判标准。代：取代，代替。

〔9〕授业：承受王业。制：法制。

▎译文▎

　　从前，有道之君持取天下的统治权，并不仅凭耳目之实得之。耳虽然主听，目虽然主视，但一片树叶就可以蔽目，使之不见眼前高峻之泰山，两颗小豆即可塞人之耳，使之不能闻雷霆震响之声。没有听说过大道通达、行于天下，还有闭塞不通之政。看见遗落之物，而不拾取，这非人之常情。任运其私情，芟除其真性，违背天道而必遭天诛，悖逆人道而必遭人戮，因其不能够胜任其责之故。致力于成功，追求有所收获，这是人们做事情的时候所热切期盼的结果。全心全意为百姓服务，行百姓之所愿、以百姓之心为心，这是大道之关键；只有百姓才掌握着价值评判的终极准则，没有什么能够取替之。这就是圣王承受王业必坚守先王之法度的根本原因。

▎解析▎

　　《鹖冠子·天则》这几段话主要讲述圣王治理天下、国家要能听微决疑，其决疑所遵循的道理与法则非出于人的一己主观之私意，故可谓之"天则"。

　　圣王治理天下、国家，并不出于计较、考虑自己个人之私利，而是行百姓之所愿、以百姓之心为心。因为百姓之心体现了价值评判的终极准则，而这正是大道之关键。

内有挟度，然后有以量人〔1〕。富者观其所予，足以知仁；贵者观其所举，足以知忠；观其大袢，长不让少，贵不让贱，足以知礼达〔2〕；观其所不行，足以知义；受官任治，观其去就，足以知智；迫之不惧，足以知勇；口利辞巧，足以知辩；使之不隐，足以知信〔3〕；贫者观其所不取，足以知廉；贱者观其所不为，足以知贤〔4〕；测深观天，足以知圣〔5〕。

　　　　　　　　　　　　　　——《鹖冠子·道端第六》〔6〕

注释

〔1〕内有挟度（xié duó）："挟"有隐藏之意。"度"，推测、估计；"内有挟度"即内心隐藏有揣度、估量之能。量人：评价他人。

〔2〕予：给予、施予。举：举荐。忠：尽忠职守。观其大袢（pàn），观其大端。达：明达。

〔3〕行：此指行不义之事。受：同"授"。任：委任。迫：威逼。辩：雄辩。使：出使。隐：隐瞒、欺骗。信：诚信。

〔4〕廉：廉洁。贱者：指地位低者。

〔5〕测深：深测天道之幽隐。观天：仔细观察天道法则。

〔6〕道端：此处所说之"道"，结合篇中相关内容，主要指君王的治国之道。端：起因、根本。篇题取名"道端"，意思是探讨君王治国之道的根本所在。

译文

　　自己内心隐藏有揣度、估量之能，然后方可以对他人进行评价。对那些富有财富的人，要观察其如何施其财予人，如此便足

集思广益　博施众利

以识别其是否真的具有仁爱之心；对那些具有尊贵地位的人，要观察其如何为国家、社会举荐人才，如此便足以识别其是否真的尽忠职守。年长者可以不用礼让年少者，地位高贵之人不用礼让地位低下之人，察礼之大端，由这些情况便能明确推知礼义已经通达于社会之间。观察一个人耻于不行之事为何，便足以知晓其是否能够行义；观察一个人在授官任职过程中的取舍、进退，便足以知晓其是否真正具有智慧；观察一个人在面对威逼、压迫之时的表现，便足以知晓其是否真正具有勇气；观察一个人在谈论时所表现出来的口才和语辞精巧程度，便足以知晓其是否真正具有雄辩之才；观察一个人代表国家出使他国的过程中是否有隐瞒、欺骗行为，便足以知晓其是否真正具有诚信的品质。对于那些处于贫困境地的人，要观察其宁守贫困而不贪取者为何物，如此便足以辨别其是否真的廉洁；对于那些政治、社会地位低的人，要观察其耻于所为之事为何事，如此便足以识别其是否真的是有操守的贤人。能否深测天道之幽隐，仔细观察天道运行的法则、象天道而行，由此便足以知晓其人是否能够真正称得上圣明。

解析

　　圣王治理天下、国家，要能够了解、识别贤良才士，使之能够各自尽忠职守。圣王自己内心应当藏有揆度、估量之能，然后方可以对贤才进行恰当评价及合理任用。

见日月者不为明，闻雷霆者不为聪。事至而议者，不能使变无生〔1〕。故善度变者观本，本足则尽，不足则德必薄、兵必老，其执能以褊材为褒德博义者哉〔2〕！

——《鹖冠子·度万第八》

注释

〔1〕议：谋，论事之宜。此句所说日月之明、雷霆之震，人所易见、易闻，故虽见之不谓明、闻之不谓聪；事已至而论其是否适宜，虽其不宜，亦不能使之不发生。

〔2〕度（duó）：推测、估计。本：本质，根本。足：充足、足够、完备。尽：竭尽。德：福德、仁爱、善行。老：衰颓。执：一本作"埶"，此处"执"当是"埶"之误。褊（biǎn）：狭小、狭隘。材：同"才"，才能。褒（bāo）：宽大。博，广博。

译文

能够看见日月之明的人，虽见之而不可谓其眼力好；能够听闻到雷霆震响声音的人，虽闻之而不可谓其听力好；事情之变已然发生，然后再论其是否适宜，虽其不宜，亦不能使之不发生。所以，善于推测、预计事情未来变化、发展趋势的人，一定善于把握事物之根本；能够把握事物之根本，就可以充分掌握事物变化、发展之规律。如果做事不能把握根本，必然导致文治之德浅薄，武治之士气衰颓，谁也难以这种狭小、狭隘之才能，而成就弘大之德、广博之义。

集思广益　博施众利

解析

　　善于推测、预计事情未来变化、发展趋势的人，一定善于把握事物之根本；能够把握事物之根本，就可以充分掌握事物变化、发展之规律，从而取得成功。

远乎近，显乎隐，大乎小，众乎少，莫不从微始〔1〕。

——《鹖冠子·度万第八》

注释

〔1〕远乎近：他本作"远之近"，远自近始。显乎隐：显自隐至。大乎小：大由小成。众乎少：众由少积。莫不从微始：皆从细微小处开启。

译文

远自近始，显由隐至，大由小成，众由少积，天下事物莫不从不起眼的细微之处开始。

解析

治政的关键在于把握事物的要害、关键，以之来计量、测度亿万同类之物的变化法则，即要"以一度万""度神虑成"。故《鹖冠子》提出，远自近始、显由隐至、大由小成、众由少积。因此，要重视对事物细微难明之本根的探究。

凡事者，生于虑，成于务，失于惊〔1〕。

——《鹖冠子·天权第十七》

注释

〔1〕惊：繁体字作"驚"，"驚"字形近"骜"，"骜"通"傲"；《管子·乘马篇》谓："凡事者，生于虑，成于务，失于傲。"

译文

凡从事一项事业，通过对这件事情进行多方考虑、谋划，作为其开端；通过勉力从事之而获得成功；因为骄傲自满，而导致失败。

解析

欲取得成功，必贵"天权"，也即掌握、运用天地自然与人事变化法则，做到"备必豫具，虑必蚤定"。如此，面对突发事件，人们就不会感到迷惑难解、疑虑重重。故事前的准备必须预先备办，行前的谋虑必须尽早确定。确定行动的目标之后，就要努力践行，保持谦虚谨慎，不能骄傲、大意，这才是取胜之道。

二人同心，其利断金；同心之言，其臭如兰〔1〕。

——《周易·系辞上》

注释

〔1〕利：锋利。断：斩断。金：金属之物。臭：气味。如兰：如芝
兰之香。

译文

二人齐心协力，凝聚的力量就像锋利的刀，能斩断金属；同心
同德的人用语言互相交流，因志趣相投，犹如闻芝兰之香，沁人
心脾。

解析

《周易·系辞上》解释《同人》卦九五爻辞，认为两个人齐心
协力，凝聚力量，这股力量就像锋利的刀一样，可以斩断金属。它
告诉我们，有共同目标的人一起奋斗、共同努力，就能够最大限度
地凝聚力量，为实现理想目标奠定良好的基础。《同人》卦上为乾
（天）、下为离（火），天居上，火亦炎上，故天与火虽有异，但在
居上、炎上这个问题上，却又是"和同"一致的。以此之故，《同
人》卦的卦义，重在阐发与人"和同"的道理。与人"和同"，首
先要自身中正。君子与人"和同"，当正其心，只有自己心正，方
能与天下人之心相通；天下人也才能与之同心同德、齐心协力，达
成"和同"的目标。其次，与人"和同"，还应当经得起风浪、波
折等考验，"和同"的取得，要克服重重险阻。

乐彼之园，爰有树檀，其下维榖〔1〕。他山之石，可以攻玉〔2〕。

——《诗经·小雅·鹤鸣》

注释

〔1〕爰：语气助词，没有实义。檀（tán），紫檀树。榖（gǔ）：楮树一类的灌木。

〔2〕他：别的，其他。攻：雕刻；加工。

译文

在那园中，快乐无比。檀树高高，枝叶深密；其下灌木，又矮又细。他方之山上有佳石，可以用来雕琢玉器。

解析

此诗句表面的意思，是说他方山上的石头，可以用来琢磨玉器。其深层意思，则是作者向周宣王委婉劝谏：应招致那些隐逸山林的贤才，为国所用。

此后，此句也可比喻他人的批评、帮助，可以用来改正自己的过错；或者借鉴他人和他国的情况、经验、方法，作为自己的鉴戒和参考，以便更好地提升自我。这体现了一种开放心态、学习精神。

多见者博，多闻者知。距谏者塞，专己者孤。

——西汉·桓宽《盐铁论·刺议》[1]

注释

[1] 桓宽（生卒年不详），汉代汝南郡（在今河南上蔡西南）人，治《公羊春秋》，著有《盐铁论》。《盐铁论》根据汉昭帝始元六年（前81年）召开的盐铁会议记录整理而成，记述了御史大夫桑弘羊与"贤良""文学"就盐铁专营、酒类专卖和平准均输等问题的辩论，记载有许多西汉中期政治、经济、社会思想史料。

译文

见多识广之人知识渊博，听闻多的人头脑智慧，拒绝接受别人合理化建议的人视听闭塞，自己独断专行的人容易遭到孤立。

解析

"多闻""多见"，是获得知识的重要渠道。通过"多闻""多见"，方能够收集众多有益资料，供临事决策时参考，如此，便能够起到集思广益的作用。我们平常所说见多才能识广，就是这个意思。善聆听，能察理，知前后，方能为明了万事、万物之理奠定基础。

昔宥世者，未有离天人而能善与国者也；先王之盛名，未有非士之所立者也〔1〕。

——《鹖冠子·天则第四》

注释

〔1〕宥（yòu）世：以宽仁之政治理天下、国家。离：分开、分离。与国：治国。盛：盛大。

译文

以前以宽仁之政治理天下、国家的圣王，没有谁能够将天道与人道分离、隔绝开来却还能够很好地进行治理的；以前圣王所获得的盛誉，没有谁能够离开众贤士的帮助却还能够确立起来的。

解析

圣王将天道与人道结合，博选贤士以佐治天下。

天者，万物所以得立也；地者，万物所以得安也〔1〕。故天定之，地处之，时发之，物受之，圣人象之〔2〕。夫寒温之变，非一精之所化也；天下之事，非一人之所能独知也；海水广大，非独仰一川之流也〔3〕。是以明主之治世也，急于求人，弗独为也〔4〕。与天与地，建立四维，以辅国政〔5〕。钩绳相布，衔橛相制，参偶其备，立位乃固〔6〕。

——《鹖冠子·道端第六》

注释

〔1〕立：确立，成立。安：安居、安处。

〔2〕时：时令，节气。发：生长、发育。受：承受、接受。象：模仿、仿效。

〔3〕精：指天地生物之五行精气。化：化育。仰：仰赖、依靠。

〔4〕求人：招徕、罗致人才。独为：独自作为。

〔5〕与：交往，结交、亲近。四维：所谓维，本意指系物之大绳，据《管子·牧民》，所谓"四维"，指的是礼、义、廉、耻；此处"四维"，据上下文，似乎为明君求贤、贤人佐君、法天之施、法地之养，四种治理天下国家的为政大纲。

〔6〕钩绳（gōu shéng）相布：钩指木工画曲的器具，绳指木工画直的器具；引申开来，此处"钩绳"指应当遵守的各种标准、规则，布指设置、布设、布置。衔橛（xián júe）相制，"衔"指马嚼子，"橛"指车之钩心，"衔橛相制"的意思是车与马相制而为用，此处取其引申意，指政治职权、机构之间的相制为用。参偶其备："参"指用其他有关材料来考核、验证某事物，有多方比较、考核验

证的意思。"偶"指并列、对比。备,具足。固,稳固。

┃译文┃

　　苍茫之天,乃万物得以生成、确立其性的根本;辽阔大地,乃万物得以安处、养育的根本。因此,天可以确定万物之性,大地可以承载、养育万物,四时、节气之时令可以生长、发育万物,万物则可以受天之施气、地之承载、四时之生养,圣人主动仿效天、地、四时生物之情状与法则,来治理天下。天地间气候寒温的变化,非由五行之精的某一精气来造成。天下之事纷繁复杂,非一个人的智慧所能够独知;广阔的海洋之水浩瀚无涯,亦非依靠一条河流之水注入而成。因此,贤明之君主治理天下,也应该急切地罗致贤才,以佐助自己,而不能够由自己一个人独自来治理。要法则天道施气之仁,效仿地道养育之爱,居君之位则求贤若渴,处贤之位则竭力佐助其君,以此"四维"为治政之大纲,来辅助天下国家的政治治理。在这个过程中,应确立人们所应当遵守的是非曲直的价值标准与法则,使政治职权机构之间相制而为用;同时,建立健全、完备的考核、验证与奖罚机制,多方参验、对比考查,以验证其功,如此,君主所确立的统治地位方能够稳固。

┃解析┃

　　天下之事纷繁复杂,非一个人的智慧所能够独知,因此,贤明之君主治理天下国家,也应该急切地罗致贤才,以佐助自己。君子要法天道施气之仁,效仿地道养育之爱,居君之位则求贤若渴,处贤之位则竭力佐助其君,以此"四维"为治政之大纲,确立起人们所应当遵守的是非曲直的价值标准与法则,同时,建立健全、完备的考核、验证与奖罚机制,如此,其统治地位方能够稳固。

经气有常理，以天地动〔1〕。逆天时不祥，有祟〔2〕。事不仕贤〔3〕，无功必败。出究其道，入穷其变〔4〕。张军卫外，祸反在内；所备甚远，贼在所爱〔5〕。是以先王置士也，举贤用能，无阿于世〔6〕。仁人居左，忠臣居前，义臣居右，圣人居后〔7〕。左法仁，则春生殖，前法忠，则夏功立，右法义，则秋成熟，后法圣，则冬闭藏〔8〕。先王用之，高而不坠，安而不亡，此万物之本蘁，天地之门户，道德之益也。此四大夫者，君之所取于外也〔9〕。

——《鹖冠子·道端第六》

注释

〔1〕经气：一年四季恒常而不变的寒暑温凉之气，"经"有来回梳理的意思；此处经气，旧本元作織气。以：因。

〔2〕天时：此处指一年四季、十二月、二十四节气、七十二候的更迭。祟（suì），原指鬼怪或鬼怪害人，凡灾祸、不正当之行皆可称作"祟"。

〔3〕仕贤：仕疑作"任"，仕贤即任贤；古义"仕"又可训"学"，仕贤亦有学贤之意。

〔4〕出：趋向动词，表示向外、显露或完成。究：探究。道：规律。入：与"出"相对，进入、进来。穷：穷究。变：变化。

〔5〕张：陈设，陈列。卫：防护，保卫。备：防备。所爱：自己所宠爱的人。

〔6〕置：安置，设立。阿：曲、不直，偏私，取悦。世：世人、社会。

〔7〕此句和下句，皆以五方配五行、以五行配五德而立论，五方、五行、五德之配合如下：土德居中，如君王处中以制外；其左为五行之木，居东方，配仁之德；前为五行之火，居南方，因火德主礼，又火昭明而著见，可象臣之忠心可鉴，故于臣而言，火亦可配忠之德；右为五行之金，居西方，配义之德；后为北方，为五行之水，水德主智，圣人智慧深广，故以圣人居之。

〔8〕此句取法一年四季春生、夏长、秋收、冬藏之变化，以论君王治政之道；取法春之生生不息，则为仁德；取法夏之"功立万物"，则为忠德；取法秋之成熟万物，则为义德；取法冬之收藏万物，则为圣人之智。

〔9〕用之：采用，采取。高：权位高。不坠：政权不倾覆。安：安全。不亡：不亡国。本蓟：疑作本葶或本標，本为根本，蓟乃末梢。门户：本义为房屋的出入口，亦可比喻事物的关键所在，枢机。益：助益。四大夫：指上文所说之左之"仁人"、前之"忠臣"、右之"义臣"、后之"圣人"，四大夫组成君王辅政的"四辅"。外：外在于君王。

▌译文▐

一年四季寒暑温凉之气轮转、周回，有其恒常不变的法则，因其合于天地日月运行之规律而变化。如果不合于一年四季、十二月、二十四节气、七十二候的更迭而变化，则会不吉祥而有灾祸发生。君主治理天下、国家，如果不选贤任能，其治事不可能成功而必然会导致失败。其出而在外，要探究做事成功的规律；入而在内，则要穷究事物变化的法则。一些君王陈列大军于外，以防护、保卫自己，结果致命的灾祸反而在其内部生发起来；在离国境很远的地方严阵以待、防备外敌入侵，结果窃国之贼却反而是自己所宠爱的身边之人。因此，古代先王招徕、安置才能之士，必选举真正的贤才、任用有能力之士，而不会只是取悦权势、迎合世俗。君主处中以制外，居其左为仁德之士，前则有忠敬之臣，右有义臣，后有智慧深广之圣人。他取法一年四季春生、夏长、秋收、冬藏的变化之道，居其左为春，故要法春之生生不息而养其仁德；居其前为夏，故要法夏之"功立万物"而养其忠德；居其右为秋，故要法秋之成熟万物而有义德；居其后为冬，故要法冬之收藏万物而生发圣人之智。先王运用这些治政智慧，故其权位虽高，而无政权倾覆之虞；其身安全，而不至于亡国灭种。这些智慧及于万物之本根、末枝，乃天地之枢机，为道德之助益。左之"仁人"、前之"忠臣"、右之"义臣"、后之"圣人"，此四大夫组成君王辅政的"四辅"，"四辅"皆为君王所取法，外在于君王而为君王之良师益友。

解析

君主治理天下、国家，如果不选贤任能，其治事不可能成功、而必然会导致失败。故其出而在外，要探究做事成功的规律；入而在内，则要穷究事物变化的法则。要效法春之生生不息而养其仁德；效法夏之"功立万物"而养其忠德；效法秋之成熟万物而有义德；效法冬之收藏万物而生发圣人之智。如此，则其权位虽高，而无政权倾覆之虞。

君者，天也〔1〕。天不开门户，使下相害也〔2〕。进贤受上赏，则下不相蔽〔3〕。不待事人贤士显不蔽之功，则任事之人莫不尽忠〔4〕。乡曲慕义，化坐自端，此其道之所致，德之所成也〔5〕。本出一人，故谓之天；莫不受命，不可为名，故谓之神〔6〕。至神之极，见之不忒，匈乖不惑，务正一国〔7〕。一国之刑，具在于身；以身老世，正以错国〔8〕。服义行仁，以一王业〔9〕。

——《鹖冠子·道端第六》

注释

〔1〕此句意为：君王法天之德，故可以象天。

〔2〕门户：春有生物之仁，夏有敬事之忠，秋有成物之义，冬有藏物之智，此乃天所开之门户；君王法天而置"四辅"佐助之臣，亦如天开生物、敬物、成物、藏物四方之门户，引申其意则为君王广开选贤、任能之门。下：天下之人。相害：自相残害。

〔3〕进贤：举荐贤能。上赏：重赏。蔽：掩而不显。

〔4〕不待事人：无须通过事权贵之人，而期得其举荐。显：显示，显明，彰显。功：利。任事之人：指现任仕宦之职者。

〔5〕乡曲：乡间、乡下。慕：仰慕、羡慕。化：感化，教化，转变人心。坐：两膝着地，臀部压在脚跟之上，为中国古人所说的"坐"，坐为人的止息方式之一，此处引申其义为"无为"。自端：自趋于正。其：指君主。

〔6〕本：根本。莫不受命：宇宙万化莫不从其以受命。不可为名：其功甚大，无名以称颂之。神：神妙，神奇。

〔7〕至神之极：妙化万有，神妙至于其极。见：通"现"，显现。

忒：差错。匈乖：匈乃古"胸"字，"匈乖"即"胸襟"；或谓"匈"同"凶"，凶险之意；或谓"匈"同"讻"，喧哗纷扰、争辩之意；或谓"乖"指不正常的灾变。不惑：不为所困。

〔8〕刑：同"型"，典范。以身老世：老当作"考"，以身考世，即以自身道德标准考校世人，此同于《道德经·五十四章》："故以身观身。"错：同"措"，施行。

〔9〕服义行仁：执持、践行仁义。王业：王者治理天下之事业。

译文

君王法天之德，故可以象天。就天而言，春有生物之仁，夏有敬事之忠，秋有成物之义，冬有藏物之智，此乃天所开之门户；君王若不能法天而置"四辅"佐助之臣，广开选贤、任能之门户，就可能导致天下之人自相残害。故举荐贤能者皆受重赏，则天下之人就不会相互蔽贤、使之掩而不显；无须通过亲侍权贵，贤能才士就可以获得举荐，这就彰显了天下不蔽贤的功劳。如此，则现任仕宦之职者皆莫不尽心竭力、尽忠职守。乡里之人皆仰慕荐贤之义举，则君主端拱无为而人心感化，人人自趋于正。这是法天之德的君主行其道、养其德所导致的好结果。天下之治，其根本出于禀受天命的君主一人，故亦可以称其为天。宇宙万化莫不从天以受命，其功甚大，乃至于没有合适的美名可以用来称颂之，故称之为神明妙本。此神明妙本造化万有、神妙至于其极，彰显其生物、成物之功而无差错。君主法天之德，当正其胸襟、不为奸邪所惑，务求以身作则、以己身之正来正一国。君主正己之身、其德性修养可以成为一国之典范，可以之作为德性标准考校世人，从而使正念、正行施行于其国中。王者执持、践行仁义，以之作为统一的标准来治理天下。

集思广益　博施众利

95

解析

　　春有生物之仁，夏有敬事之忠，秋有成物之义，冬有藏物之智，此乃天所开之门户。君王法天而置"四辅"佐助之臣，广开选贤、任能之门户，就能够端拱无为而人心感化，使人人自趋于正。君主正己之身、其德性修养可以成为一国之典范，可以之作为德性标准考校世人，从而使正念、正行施行于其国中。

夫仁者，君之操也；义者，君之行也；忠者，君之政也；信者，君之教也；圣人者，君之师傅也〔1〕。君道知人，臣术知事〔2〕。故临货分财使仁，犯患应难使勇，受言结辞使辩，虑事定计使智，理民处平使谦，宾奏赞见使礼〔3〕。用民获众使贤，出封越境适绝国使信，制天地御诸侯使圣〔4〕。

——《鹖冠子·道端第六》

注释

〔1〕此句意为：仁之德，乃君王所应具备的内在操守；义之行，乃君王适所当行的行为；忠之敬，乃君王治政所当表彰之德性；信之诚，乃君王所当推行之教化；具有最高德性与智慧的圣人，乃君王所当尊崇的老师。

〔2〕人：贤良。事：职事、职守。此句意思是：君主治理天下、国家之道，首先要能够了解、识别贤良才士；臣下事君之术，首要之点在于能够尽忠职守。

〔3〕临：面临。货：钱财之物。使：用。犯：遭遇。患：祸患。应：应对。受言：接受言辞。结辞：缔结盟约。辩：辩者、辩士。虑事：谋划大事。定计：确定行事之计策。智：智士。理民处平：公平、公正地处理民事诉讼。谦：谦虚，谦逊，如《周易·谦卦》之《象》曰："地中有山，谦。君子以裒多益寡，称物平施"，意思是君子见高山隐于卑地之中，亦要效法《谦》卦象之理，使自己做到减有余而增不足，并衡量财物之多寡、公平施予。

宾奏赞见：接待宾客之事。礼：知礼、明礼之士。

〔4〕用：使用。获：获得。贤：贤人。封：疆界，边界。越：跨

越。境：国境、边境。适：去往。绝国：遥远之国。信：不辱使命、信守自己承诺之人。制：控制、制服，此处为参赞天地化育的意思。御：统率、率领。圣：圣人。

│译文│

　　仁之德，乃君王所应具备的内在操守；义之行，乃君王适所当行的行为；忠之敬，乃君王治政所当表彰之德性；信之诚，乃君王所当推行之教化；具有最高德性与智慧的圣人，乃君王所当尊崇的老师。君主治理天下、国家之道，首先要能够了解、识别贤良才士；臣下事君之术，首要之点在于能够尽忠于其职守。因此，有分赏金钱、财物的事宜，就要任用那些有仁德的人来处理；遭遇祸患、应对国之大难，就要任用那些有武勇的人来处理；有外交言辞之往来、缔结盟约之事，就要任用那些有口才的辩士来处理；谋划大事、确定行事之计策，就要任用那些有智谋的人来处理；减有余而增不足，衡量财物之多寡、公平施予，就要任用那些有谦德的人来处理；接待宾客、送往迎来之事，就要任用那些知礼、明礼之士来处理。如要役使民众、获得众人之拥护，重在要任用贤才之士；出国之疆界、跨越边境，代表国家出使遥远的他国，应当任用那些不辱使命、信守自己承诺的人；参赞自然天地之化育、统率天下之诸侯，就要邀请圣明之人来充任之。

│解析│

　　君主治理天下、国家之道，首先要能够了解、识别贤良才士。臣下事君之术，首要之点在于能够尽忠职守。

夫仁之功，善与不争，下不怨上〔1〕；辩士之功，释怨解难〔2〕；智士之功，事至而治，难至而应〔3〕；忠臣之功，正言直行，矫拂王过〔4〕；义臣之功，存亡继绝，救弱诛暴〔5〕；信臣之功，正不易言〔6〕；贞谦之功，废私立公〔7〕；礼臣之功，尊君卑臣〔8〕；贤士之功，敌国惮之，四境不侵〔9〕；圣人之功，定制于冥冥〔10〕，求至欲得，言听行从，近亲远附，明达四通。

——《鹖冠子·道端第六》

注释

〔1〕与：亲近，惠予。不争：不与人争。

〔2〕释：排解，解除。

〔3〕事：事变。治：处理，解决。难：灾难。应：应对。

〔4〕矫拂：矫正、纠正。

〔5〕存：使存续下去。绝：已亡之国，中断。诛：谴责，讨伐。暴：强暴之国。

〔6〕正：确定。易：变易。

〔7〕贞：坚定不移，端方正直。

〔8〕礼臣：明礼之臣。

〔9〕惮：惧怕。不侵：不受侵犯。

〔10〕冥冥：深远之貌。

译文

仁德之士，其功在善于与人亲近、惠利予人，而不与人争利，如此，则居下位者不会怨憎其上。外交辩士之功，在于其能够有效地释除国与国之间的仇怨，排解各种纷争之困。智谋策士之功，在于处理、解决各种事变，应对国家面临的各种难题。忠臣的功劳，在于其能坚持正言、直行，以纠正君王的种种过错。忠义之臣的功劳，在于其能够使即将灭亡之国或者已亡之国得以继续存续下去，积极救助那些遭无辜侵略的弱小之国，挺身而出，谴责、讨伐那些以强凌弱的强暴之国。谦德之士的功劳，在于其能够废弃各种自私自利的行为，确立公平、公正的社会制度与风气。明礼之臣的功劳，在于其能够在天下确立君尊臣卑等社会阶层的价值之序。贤能之士的功劳，在于其能够使敌对之国感到惧怕，使自己国家的四方边境不受外敌之侵犯。圣明之士的功劳，在于他能以其深谋远虑之智，确定国之大制，他的所求皆能得到实现、所欲皆能得到满足，百姓对其言听计从、在行动中愿意接受他的引导，周围的人皆亲近于他，远方之人皆来归附于他，其德行之光芒，通达于四方、天下。

▌解析▌

　　仁德之士、外交辩士、智谋策士、忠义之士、谦德之士、明礼之臣、贤能之士、圣明之士，若能各任其功，使其德行之光芒通达于四方，则天下必能得到大治。

夫长者之事其君也，调而和之，士于纯厚〔1〕。引而化之，天下好之，其道日从，故卒必昌〔2〕。夫小人之事其君也，务蔽其明，塞其听，乘其威，以灼热人〔3〕。天下恶之，其崇日凶，故卒必败，祸及族人〔4〕。此君臣之变，治乱之分，兴坏之关梁，国家之阅也〔5〕。逆顺利害，由此出生〔6〕。凡可无学而能者，唯息与食也〔7〕。故先王传道，以相效属也〔8〕。贤君循成法，后世久长；隋君不从，当世灭亡〔9〕。

　　　　　　　　　　　　　　　　——《鹖冠子·道端第六》

注释

　　〔1〕长者：德厚之君子。调：协调、配合恰当。和：和谐、和睦。士：同"仕"，任其事。纯厚：纯正笃厚。

　　〔2〕引：引导、延伸、牵引、带领。化：感化。好：喜爱。道：治道。从：被依顺，采取。昌：昌盛，兴隆。

　　〔3〕乘其威：凭借、利用其权势、权威。灼热，烧烤、烤炙，引申其意为霸道地欺凌他人。

　　〔4〕崇：疑作"祟"，祸祟。凶：厉害，凶险。族人：亲属。

　　〔5〕变：通"辨"，辨别。分：区分、区别。兴坏：兴败，成败。关梁：关口、桥梁，引申其意为关键。阅：疑作"阀阅"，指门前题记功业的柱子，此处意指国家治乱兴衰的标志。

　　〔6〕逆：悖逆。顺：顺应。利：有利。害：有害。此：指君之有道或无道，臣之优秀或卑劣。

　　〔7〕无学而能：不用学习就会的本能。息：休息。食：进食，吃饭。

集思广益　博施众利

〔8〕传道：传治国大道。效：效法、学习。属（zhǔ），连属、接续。

〔9〕循：遵循。隋君：即《著希》所说之"上有随君"，指只愿意偏听跟自己意见、喜好相同观点、主张的君主。

|译文|

德厚之君子在佐助其君的时候，与其君协调、配合恰当，君臣关系和谐，其行事原则亦纯正而笃厚。他将自己的这种行事态度与精神，在社会、民众中延展、推扩开来，潜移默化，天下之人皆喜爱之、顺从之，故最终能够得到昌盛、兴隆。卑劣小人侍奉其君，竭力掩盖其君之光明，堵塞其君听从劝谏之门路，利用君之权势、权威，狐假虎威，霸道欺凌他人，天下之人皆厌恶之，其祸祟日益厉害、凶险，故其功业最终必然导致其败亡，灾祸殃及其亲属、族人。这里所说君、臣之有道与无道的辨别，治世与乱世的区分，乃天下兴衰、成败之关键，国家社会治乱兴亡的重要标志。悖逆还是顺应大道，利益还是残害天下、国家，皆由辨明、区分君之有道或无道，臣之优秀或卑劣而生发出来。凡是人不用学习就会的本能，大概只有休息与吃饭。因此，先王传扬此治国大道，希望后世来者能够效法、学习之，能够传承、接续之。贤明之君遵循先王代代所传、已被实践证明有效的现成治国之法，因此，能够世代享国长久；而那些只愿意偏听跟自己意见、喜好相同观点、主张的君主，不愿意遵循已被实践证明行之有效的先王之道，结果，在他自己统治的时期之内，就会发生国灭、身亡的悲剧。

|解析|

《鹖冠子·道端第六》这几段话主要讲述君主治国的用人之道，其根本在于知人善任。

1.贤明之君主治理天下国家，应该罗致贤才，以佐助自己，而不能够由自己一个人独自来治理。因为天下之事纷繁复杂，非一个人的智慧所能够独知。

2.要能够了解、识别贤良才士，使之能够各自尽忠职守。

3.君主自己内心应当藏有揆度、估量之能，然后方可以对贤才进行恰当评价及合理任用。

4.贤明之君应当遵循先王代代所传、已被实践证明有效的现成治国之法。

集思广益　博施众利

法度无以，噦意为摸〔1〕。圣人按数循法尚有不全，是故人不百其法者，不能为天下主〔2〕。今无数而自因，无法而自备循，无上圣之检，而断于己明，人事虽备，将尚何以复百己之身乎〔3〕？主知不明〔4〕，以贵为道，以意为法。牵时诳世，逌下蔽上，使事两乖〔5〕。养非长失，以静为扰，以安为危，百姓家困人怨，祸孰大焉。若此者，北走之日，后知命亡。〔6〕

　　　　　　　　　　　　——《鹖冠子·近迭第七》

注释

〔1〕噦（huì）意为摸：噦，小智。意，私意。摸，同"谟"，策略、谋划。

〔2〕按：按照。数：数理，规律。循：遵循。法：法度。全：完全，齐全。百其法：广泛学习百王之法的意思。

〔3〕因：依照，依循。循：遵循。检：法式、法度，约束、检点，品行、节操。明：智慧。复：与之齐、平。百己之身：上百人累积下来的集体智慧。

〔4〕知：智。

〔5〕牵时：为时俗所拘系。诳世：为世论所惑。逌（wǔ）：相违，背逆。乖（guāi）：乖违，不合。

〔6〕养：蓄养。长（zhǎng）：长养。失：错误、过错。扰：纷扰。北：败北、败亡。

译文

　　不遵循先圣之法度，反而以自己的私意作为行动的策略、谋则。当世圣人按照事物之数理、规律而行，遵循事物之法度而动，尚且不能够完全合于先圣之法度。所以，人如果不能广泛学习百王之法，就不可能成为天下之共主。现如今的那些君王不遵循事物本身具有的规律，却只依循自己的主观意愿而行；不学习先圣之法度，却只依照自己的主观想法去做；不听从智慧之上圣的约束、检察，却只以一己之见独断专行。虽其行事过程中，也有所因、所循、所断，似乎其计划、谋虑很周全、完备，但其所因、所循、所断皆基于一己主观之成见，将怎么可能赶得上作为上百人集体智慧结晶的先圣之法度？君主智识不明，不好好学习先圣百法之道，反而依恃自己的尊贵地位以为道，以自己的主观私意为法度，为时俗所拘系，为世论所惑乱，对下愚弄百姓，对上悖逆天命，导致自己无论下对百姓还是上对天命皆有所乖违、不合，自己养就恶习、助长错误与过失，反而以静循道法为纷扰，视社会安定反为危险，导致天下百姓家家困顿、人人怨恨，灾祸没有比这更大的了！如果一直这样胡作非为，只能待到其败亡的那一天后，他才会真正知道天命已经不再眷顾自己了。

| 解析 |

　　不遵循先圣之法度，反而以自己的私意作为行动的策略、谋则，不能够广泛学习百王之法，这样的人就不可能成为天下之共主。

故人者莫不蔽于其所不见，鬲于其所不闻，塞于其所不开，诎于其所不能，制于其所不胜〔1〕。世俗之众笼乎此五也而不通，此未见而有形〔2〕。

——《鹖冠子·天权第十七》

注释

〔1〕蔽：蒙蔽。鬲（gé），同"隔"。塞：闭塞。诎：同"屈"。制：受制。

〔2〕世俗之众：此指孤陋寡闻的一曲之士。笼：笼罩，被束缚。通：通达大道。见：通"现"，现出。有形：有预兆。

译文

故人们莫不容易被自己未曾见过的事物所蒙弊，莫不容易被自己未曾听闻过的事物所障隔，莫不容易被自己未曾看开的事物所闭塞，莫不容易被自己无力处置的事情所屈服，莫不容易被自己不能取胜的事情所制约。孤陋寡闻的一曲之士被上述五种知见所束缚，而不能通达于大道，故危机虽然暂未出现，但其苗头已兆。

解析

孤陋寡闻的一曲之士莫不蔽于其所不见，隔于其所不闻，塞于其所不开，诎于其所不能，制于其所不胜，故不能通达于大道，是故危机虽暂时没有出现，但苗头已经显现出来。

夫先王之道备，然而世有困君，其失之谓者也〔1〕。故所谓道者，无己者也；所谓德者，能得人者也〔2〕。道德之法，万物取业〔3〕。无形有分，名曰大孰〔4〕。故东西南北之道踹，然其为分等也〔5〕。阴阳不同气，然其为和同也〔6〕。酸咸甘苦之味相反，然其为善均也〔7〕。五色不同采，然其为好齐也〔8〕。五声不同均，然其可喜一也〔9〕。

——《鹖冠子·环流第五》

注释

〔1〕先王之道：前世圣王的治世方略。困君：陷入困境之君。

〔2〕无己：无主观私意。能得人者：能够与他人相得的人。

〔3〕业：功业。

〔4〕分：区分、辨别，名位。孰：通"熟"，缜密、周详；或疑"孰"当作"敦"。

〔5〕道：道路。踹（chuài）：本义为一脚高、一脚低地行走，踩踏。分：此处指东西南北不同方向、方位的区分。

〔6〕和：阴阳会合的冲和之气，相应，调和。

〔7〕善：通"膳"，指美味的食物。

〔8〕五色：指青、赤、黄、白、黑五色。采：色彩。好：美丽的色彩。

〔9〕五声：指中国古代音乐的五种音阶：宫、商、角、徵、羽。均：古同"韵"，指和谐的音调。喜：喜爱。

┃译文┃

　　前世圣王的治世方略虽然完整地被保存下来，然而人世间还是有在治理自己国家时陷入困境的君王，这是他与道法相悖失的缘故。因此，之所以称之为道，因其法自然而无主观之私意；之所以称之为德，因其能与他人相得、相应。宇宙天地万物皆取法道与德的法则、规律，以成就各自之功业。道、德虽无形，却又可以有所区分、辨别，有其不同之名与位，这实在可以称其为缜密、周详之极致。因此，人们虽然踏在东、西、南、北不同方向的道路上，但其皆为有方向、方位之区分的道路，则是相同的。阴阳乃性质不同之气，然其相应、调和，以成阴阳会合的冲和之气，则是相同的。酸、咸、甘、苦之味道虽然相反，然其皆可以调成美好的味道，则是相同的。青、赤、黄、白、黑，乃五种不同的色彩，然其皆能够组成美丽的图案，则是相同的。宫、商、角、徵、羽乃五种不同的音阶，然其皆可以组成为人所喜爱的和谐音调，则是相同的。

┃解析┃

　　道、德虽无形，却又可以有所区分、辨别，有其不同之名与位；人、物之名、位虽各有不同，但其皆合于道、德，则又是相同的。

故物无非类者〔1〕，动静无非气者。是故有人将得一人气〔2〕，吉；有家将得一家气，吉；有国将得一国气，吉。其将凶者〔3〕，反此。故同之谓一，异之谓道〔4〕。相胜之谓埶〔5〕，吉凶之谓成败。贤者万举而一失，不肖者万举而一得，其冀善一也，然则其所以为者不可一也〔6〕。知一之不可一也，故贵道〔7〕。

——《鹖冠子·环流第五》

注释

〔1〕类：类别。

〔2〕将得："将"有保养之意，"将得"即保养得当。

〔3〕将凶：养其凶气。

〔4〕一：指统摄宇宙万有之道法。道：不同之方法、方术。

〔5〕埶（shì）：通"势"，势力。

〔6〕举：兴事、举事，行动。失：失败。得：成功。不肖：指与道法相违之人，与道法不相似之人。冀：希望。

〔7〕知一之不可一：前"一"指作为主宰、统摄一切的道法；"不可一"指达成道法的多样性方术。道：道术，方术。

译文

宇宙万物莫不分门别类，其动与静无不由气化而成。因此，若有人能保养自身之气得当，便能获得吉祥；一个家族若能保养自家之风气得正，就能获吉；一个国家若能保养得其一国之气正，则能获吉。而那些养其凶气者，其所得结果则与此相反，必为凶咎。故统摄宇宙万有之道，可以称其为一；而达成同一之道的各种差异性方法，则可以称其为方术。物与物相胜之道，在于胜物之物的强大之势；事物之吉祥与凶咎，在于其所取得的成功或遭遇的失败。贤能之人成就万事，其中大概只有一件事可能会遭致失败；不肖之人谋划万事，其中大概只有一件事能够取得成功。无论贤能与不肖之人皆希望取得成功，这是他们之间的相同之处；然而，他们追求成功的方式、方法，则各自有异而有所不同。作为主宰、统摄一切的道，应通过多样性的方术来达成，而不可能用某一种固定的方法来呈现。所以，人们应当重视能够呈现道的多种多样的方术。

|解析|

　　统摄宇宙万有之道，可以称其为一；而达成同一之道的各种差异性方法，则可以称其为方术。作为主宰、统摄一切的道，应通过多样性的方术来达成，而不可能用某一种固定的方法来呈现。所以，人们应当重视能够呈现道的多种多样之方术。

空之谓一，无不备之谓道，立之谓气，通之谓类〔1〕。气之害人者，谓之不适；味之害人者，谓之毒〔2〕。夫社不刺、则不成，雾〔3〕。气，故相利、相害也〔4〕；类，故相成、相败也。积往生跂，工以为师；积毒成药，工以为医〔5〕。美恶相饰，命曰复周；物极则反，命曰环流〔6〕。

—— 《鹖冠子·环流第五》

注释

〔1〕空：清虚、无为谓之空。立：确立，建立。通：通达。

〔2〕不适：不调，不舒服。味：滋味；或谓"味"疑当作"类"。毒：厚。

〔3〕社：古代把土地神和祭土地神的地方、日子和祭祀之礼，称为"社"。刺（cì）：刺，采取。雾：地气蒸发、天不应和，谓之雾。

〔4〕利：气相得以成物。害：气不相得以害物。

〔5〕往：通"尪"，指腿部骨骼弯曲、残疾，曲胫、跛足。跂（qí）：本义是多出的脚趾，也指爬行、走岔路，这里指那些类似于巫所行的"禹步"。工：古代从事各种技艺的劳动者的总称，如韩愈《师说》："巫医乐师百工之人，不耻相师。"此句前一"工"字指"巫觋"，后一"工"字指"医"。

〔6〕饰：装饰、修饰，其引申义为相互包含，此句之意如《老子·二章》所云："天下皆知美之为美，斯恶矣"，因为"美"之中藏有向"恶"转化的可能，"恶"之中藏有向"美"转变的可能；或谓"饰"通"饬"，有整饬、整治的意思。复：返回，反复。周：环绕，循环。环流：循环流转。

译文

道具清虚、无为之性，此可谓之空，空乃道之性，道乃宇宙天地万化之根本、具有唯一性，故空亦可谓之一。万物无不备具、无不包含，能够涵盖一切万有，此方可谓之为道。立于宇宙天地之间者为气，通达宇宙万化者为物之类别。气之害人者为凶气，凶气带给人种种不适；饮食、滋味之害人者为厚味，厚味害人可称之为"毒"。祭祀土地神的"社"，若不能感受天之阳，则不能够真正成其为"社"，因其地气蒸发而天不应和，故有雾。因此，阴阳之气有相得以成人、成物的情况，亦有不相得以害人、害物的情况。人、物各成其类，不同类之人与物有相互成就者、亦有相互败坏者。腿部骨骼弯曲的残疾之人以足趾跛行、行之若舞，其法累积下来，就形成了所谓的"禹步"，百工之人效法之、以舞降神而成巫师；物类各异、其性相害则为"毒"，积累物性相害之"毒"而成治病的良药，百工之人取法之、以毒攻害而成医生。美与恶相互包含，"美"之中藏有向"恶"转化的可能，"恶"之中藏有向"美"转变的可能，二者既相互对立、又相互转化，这可以称其为反复、周回；事物发展至于极致，则又开始向其相反的方向转化、发展，这可以称之为循环、流转。

解析

《鹖冠子·环流》中的这几段话，主要讲述作为宇宙天地万化根本的大道循环流转，生生不息、无有穷尽；于其生化流转中，又蕴含有阴阳化育、生物成败之法则，美恶相饰、物极则反之规律；圣人可以运用道的自然法则、规律，从而掌握自己的命运，变害为利。

人、物阴阳性质相反而又相成，其类各异而有生、害；美与恶既相互对立、又相互转化，此之谓反复、周回，物至于极则又返归于初，此之谓循环流转。故统摄宇宙万有之道，可以称其为一；而达成同一之道的各种差异性方法，则可以称其为方术。作为主宰、统摄一切的道，应通过多样性的方术来达成，而不可能用某一种固定的方法来呈现。所以，人们应当重视能够呈现道的多种多样之方术。

　　昔伊尹医殷，太公医周武王，百里医秦，申麃医郢，原季医晋，范蠡医越，管仲医齐，而五国霸。其善一也，然道不同数。〔1〕

——《鹖冠子·兵政第十六》

注释

　　〔1〕伊尹：商汤之贤相，辅佐商汤伐夏，后又流放商王太甲而教育之，以安殷之天下。太公：指太公望吕尚，他辅佐周武王兴周灭商，修周政，与天下更始。百里：指百里奚，他辅佐秦穆公成就霸业。申麃（páo）：即申包胥，又作申鲍胥，春秋时期楚国大夫；吴兵攻入楚国都城郢都，申包胥请救于秦、辅佐楚昭王收复郢都。郢：楚国都城，故址在今湖北荆州。原季：即晋文公的重臣赵衰，封于原邑，死后谥"成季"。范蠡：越国大夫，辅佐越王勾践灭吴。管仲：任齐相，辅齐桓公而霸天下。道：此喻治政之善。数：数术、方法、途径。

译文

　　从前，伊尹作为商汤之贤相，辅佐商汤伐夏；后又流放商王太甲而教育之，以安殷之天下，此为"医殷"。太公望吕尚辅佐周武王兴周灭商，修周政，与天下更始，此为"医周武王"。百里奚辅佐秦穆公成就霸业，谋无不当，举必有功，此为"医秦"。吴兵攻入楚国都城郢都，申包胥请救于秦、辅佐楚昭王收复郢都，此为"医郢"。原季辅佐晋文公称霸，此为"医晋"。范蠡辅佐越王勾践灭吴，此为"医越"。管仲相齐桓公而霸天下，此为"医齐"。春秋时期，秦、楚、晋、越、齐五个诸侯国称霸于天下。这些诸侯国君皆能任用贤才治理天下、国家，成就善政，这是他们共通、一致的地方。其任用贤才、治政以善虽同，然成就善政的具体策略、方法则各异。

解析

《鹖冠子·兵政》这段话的前提，是承认人、物各有其"生"，即人、物各具天然之性，其性自具相生、相克之理；人若能达人、物之性，则可以开启自己的"神明"之智，从而灵活运用人与人、物与物之间天然所具的生、克之性，取得战争胜利、治理好天下国家。

《兵政》提出，在军事、政治问题上要想获得成功，必须贯彻"因"的原则，即因循人与万物本有之自然天性，如此方能够通达于"道"，使"道"与"神明"相保、相守。

第二篇

博施众利

随着时代和社会发展、改变，博施众利的具体内容和形式会发生改变，但其基本精神却一直保留下来。当代社会倡导博施众利，首先要强调利国、利民，为此，就要确立起公正廉明的价值理念。而要将博施众利落到实处，至少还应该有三个维度的努力方向：一是大力发展社会生产力，这大致相当于中国传统文化中所说的『开物成务』；二是致力于世界和平，这大致相当于中国传统文化中所说的『协和万邦』；三是致力于人与自然环境的和谐共生，这大致相当于中国传统文化中所说的『参赞天地之化育』。这几个方面把握好了，博施众利应该就容易落到实处。

履不必同，期于适足；治不必同，期于利民。

——《魏源集·默觚下》〔1〕

注释

〔1〕魏源（1794—1857）：湖南邵阳县金潭（今邵阳市隆回县司门前镇）人，是近代中国"睁眼看世界"的第一人。他所编《海国图志》，对世界地理、历史、政制、经济、宗教、历法、文化、物产等详加阐述；他提出"师夷长技以制夷"等主张，把学习西方"长技"提升至关系国家民族安危的大事来认识，在当时中国社会产生了振聋发聩的重大影响。

译文

每个人的鞋子大小不必相同，关键是要适合自己的脚；每个国家的治理方法也不必雷同，关键是要有利于其人民。

解析

魏源被誉为近代中国"睁眼看世界"的第一人。他认为判断社会历史发展进步与否的重要标准为"利民"——要有利于人民。有了"利民"这个标准，则社会治理、社会变革与创新就有了价值评判的准则。正如习近平总书记 2015 年 10 月 21 日在伦敦金融城市政厅发表的演讲中所说："履不必同，期于适足；治不必同，期于利民。世界上没有放之四海而皆准的发展道路。只有能够持续造福人民的发展道路，才是最有生命力的。"

集思广益 博施众利

民惟邦本，本固邦宁。

——《尚书·五子之歌》〔1〕

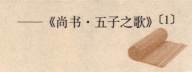

注释

〔1〕"民惟邦本"最早见于《古文尚书》所载大禹的训示"皇祖有训：民可近，不可下。民惟邦本，本固邦宁。"这与战国时代《孟子》提出的"民为贵，社稷次之，君为轻"，《荀子》中的"水能载舟，亦能覆舟"的思想一脉相承，并由此形成儒家所推崇的"民本"思想。而"民本"也是儒家"博施众利"思想的根基所在。

译文

民众是国家的根本，根本稳固了国家才能安宁。

解析

全心全意为人民服务，始终是中国共产党人不变的初心和行动的指南。中国共产党人秉持中华古训"民惟邦本"的教诲，顺应人民对美好生活的向往，从人民最关心最直接最现实的利益问题出发，坚定不移推进公平共享，努力争取让百姓有更多幸福感和获得感，不断提高人民生活质量和水平。党和政府当前最重要的工作之一，是要健全公共服务体系，更多增进民众福祉。正如习近平主席2016年9月3日在二十国集团工商峰会开幕式上的主旨演讲《中国发展新起点，全球增长新蓝图》中所说："民惟邦本，本固邦宁。坚持以人民为中心，就要扎扎实实体现在经济社会发展各方面各环节。"

泽上有地，临。君子以教思无穷，容保民无疆〔1〕。

——《周易·临·大象》

注释

〔1〕临：《临》卦，兑下坤上，兑为泽，坤为地。教：教导。思：挂念；牵挂。无穷：至诚无休止。容：含容之象。保：保民之心。无疆：广大无疆。

译文

泽之上有地，岸与水相临，故为"临"之象。君子观泽与地亲临，则当取法其相临无间之义，教化、关心民众之行至诚而无休止，宽容、保护民众之心博大而无止境。

解析

泽之上有地，泽与地相临而含容，故泽上有地为"临"。君子观泽与地亲临之象，其教化、关心民众之情怀如兑泽之深；其宽容、保护民众之度量如坤土之宏大。

泽上于天，夬。君子以施禄及下，居德则忌〔1〕。

——《周易·夬·大象》

注释

〔1〕夬：《夬》卦，乾下兑上，乾为天，兑为泽，泽水聚而升至天，有溃决之势，故《周易》以泽上于天为夬，夬有"决""溃"之意。施：施予。禄：俸禄；福财。居德：安处其德。忌：防止；戒除；避免。

译文

泽水聚而上于天，水与天相齐，有溃决之势，故为"夬"之象。君子观泽决于上而注溉于下之意，则知吝啬、保守易遭忌恨，乃取祸之道；当施其利禄、恩泽以及于下，并要对自己可能的吝啬、不舍保持警觉。

解析

泽上于天，有溃决之势，故为《夬》象。君子观泽升于上而决于下之象，则当施其禄泽以及下位。"下"，即居下位者，如平民百姓。平民百姓虽居下位，然居上位的统治者正是由于有居下位之百姓，方能成其为"上"；"上"以"下"为基，"下"之基不厚，则其负"上"之力也不强，故处上者以恩泽施惠于下，则可以如《剥·大象》所说"山附于地，剥，君子以厚下安宅"；故上层建筑的安稳要有民意的基础，民之意足，则上层建筑安稳无忧，而施禄及下是民意满足的重要手段；反之，若居上位者只是不断地搜刮民脂民膏，则恩泽不及于下，易倾危其国家，所谓"财散则人聚，财聚则人散"，故君子聚德不聚财，当以济世利民为其德。

子曰："夫仁者，己欲立而立人，己欲达而达人。能近取譬，可谓仁之方也已。"〔1〕

——《论语·雍也》

注释

〔1〕欲：想要。立：本意是站立；此有获得成功的意思。而：表连接。立人：使动用法，使其他人也获得成功。达：腾达。达人：使人腾达，意思是周济需要帮助的人。取：争取。譬：比喻，打比方。

译文

孔子说："仁者，自己想要取得成功，也让别人能够成功；自己想要通达，也让别人能够通达。能够从自身出发、推己以及人，帮助和影响更多的人，这可以说就是实践仁德的方法了。"

解析

自己想要取得成功，也让别人能够成功；自己想要通达，也让别人能够通达。这是以孔子为代表的儒家学派在处理人际关系时的重要价值准则，即根据自己内心的道德情感体验，来推测别人的心理感受；在此基础上，同情地理解别人，达到推己及人的目的。

儒者以人心之仁为普遍性的存在，自己有之，别人亦有之，这是人之所以能够推己及人的重要前提。故一个人想要成就自己的仁德，也应该体味到别人亦有同样的诉求；在此基础上，就可以推己及人。同时，仁心、仁德非远于人，乃为我所固有。所以，一个人若有志于实践仁德，就可以从"己欲立""己欲达""立人""达人"

等自己和身边的事件着手来进行，这是为"仁"的重要方法。《论语》
中的"己欲立而立人，己欲达而达人"与"己所不欲，勿施于人"，
体现了中国文化中可贵的推己及人的仁德思想，已成为中华民族的
基本品格。

集思广益 博施众利

曾子曰："吾日三省吾身：为人谋而不忠乎？与朋友交而不信乎？传不习乎？"〔1〕

——《论语·学而》

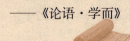

▌注释▐

〔1〕三省：多次反省。谋：谋划。传：传授的学问。

▌译文▐

曾子说："我每天多次反省自己：为他人谋划是否未尽心竭力？与朋友交往是否不守信诺？老师传授的学问是否没有温习？"

▌解析▐

"三省吾身"是儒家所主张的一种道德修养方法。儒家认为，德行的确立取决于自身的追求与努力。因此应时时反省自己的言行与内心，并以此作为修养道德的基本方法。曾子特别提出，每日应从尽己为人、诚信待人、温习课业等方面多次反省自身是否存在不足，有则改之，无则加勉。

穷则独善其身，达则兼善天下。〔1〕

——《孟子·尽心上》
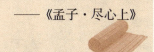

注释

〔1〕穷：不得志。达：显达；发达。

译文

不得志时就独自修养自身，得志时则要使天下民众乃至万物都受到自己的恩惠和帮助。

解析

孟子认为，士人即便是处于不得志之时，亦要尊德性而行事，不能因身处困境而失其所守之正；正因其尊德而乐义，故能自有所得、自有所重，而不为外界之物所引诱。当然，士人若处得志、通达之时，则应努力将恩泽施加于天下之民、给天下带来太平。此后，这句话成为不少士人君子的座右铭，既表达了君子得志时的济世精神，又能够彰显出其不得志时的道德坚守与豁达大度。

在儒家的孟子看来，真正的大丈夫无论"穷"还是"达"，皆当住在天下最宽广的居处——"仁"之中，以"仁"为自己心灵之宅；站立在天下最中正的位置——"礼"之上，以"礼"的名分来规范自己的行为；走在天下最开阔的大路——"义"之上，在日常生活中实践着"义"的道理，得志的时候，引领、教化百姓循着正道前进；不得志的时候，也独自坚守自己的价值理想，这样的人才称为大丈夫！

老吾老以及人之老，幼吾幼以及人之幼〔1〕。

——《孟子·梁惠王上》〔2〕

▎注释▎

〔1〕老：句中第一个"老"作动词，赡养的意思；第二、三个"老"指老人、长辈。幼：句中第一个"幼"亦作动词，抚养的意思；第二、三个"幼"字作名词，子女、小辈的意思。及：推己及人。

〔2〕孟子（前372—前289）：名轲，战国时期邹人，中国古代著名哲学家，儒家重要代表人物，与孔子合称为"孔孟"，有"亚圣"之称。与其弟子著有《孟子》一书，《孟子》反映了战国时期孟子的哲学思想和治国理念，唐宋以后，成为儒家经典"四书"之一，在儒家典籍中占有非常重要的地位。

▎译文▎

尊敬自己的长辈，从而推广到尊敬别人的长辈；爱护自己的小孩，从而推广到爱护别人的小孩。

▎解析▎

战国乱世，诸侯国之间互相攻击，家庭之间互相篡夺，人与人之间互相贼害，君不惠、臣不忠、父不慈、子不孝、兄弟之间不和睦，这些不良的社会现象就是天下之大害。孟子认为要改变这种状况，就要推行儒家仁爱的价值理念，由己及人，从而形成《礼记》所描述的"故人不独亲其亲，不独子其子"的"大同之世"。

如何才能使此理想社会变成现实？孟子认为应当"推恩"，即将每个人本有的仁德之心，扩而充之，从亲近、仁爱自己的亲人开始，扩展到亲近、仁爱周围乃至天下所有的人，甚至还要亲近、仁爱周围之物乃至世间万物。君子推行、扩充自己的仁爱之心，当由近及远，由易及难。这句话所反映的尊老、爱幼等仁爱理念，既是古代中国社会所倡导的重要人伦道德准则，也成为中华民族代代相传的重要传统美德，成为中华优秀传统文化中最精粹、最具代表性的文化符号之一。

集思广益　博施众利

孟子曰："有天爵者，有人爵者。仁义忠信，乐善不倦，此天爵也；公卿大夫，此人爵也。"〔1〕

——《孟子·告子上》

注释

〔1〕"天爵"称谓仁、义、忠、信，乐善不倦，以之为上天所赋予人者。与"天爵"相对者乃"人爵"，即由统治者所赐予的爵位，一般指世俗中的权势、地位、俸禄等。

译文

孟子说："有天赐予的爵位，有人授予的爵位。仁、义、忠、信，乐行善事、不知疲倦，这些是天赐的爵位；而公、卿、大夫等，则是人授的爵位。"

解析

仁、义、忠、信，乐行善事、不知疲倦。此句指出了中国古人所推崇的四种道德品质：仁、义、忠、信。因为孟子持人性善的立场，他认为仁、义、忠、信，四者皆根植于人心，乃人心天然所具有的一种固有道德情感。所以，他以"天爵"称谓仁、义、忠、信，乐善不倦，以之为上天所赋予人者。与"天爵"相对者乃"人爵"，即由统治者所赐予的爵位，一般指世俗中的权势、地位、俸禄等。孟子认为，作为君子应该不断地、自觉地行善事，修养上天赋予自己的仁、义、忠、信这四种道德品质，而不能只追求"人爵"而弃绝"天爵"。仁、义、忠、信，乐善不倦，是中国古代先贤对道德理想人格的一种描述，这种价值追求很能彰显中华民族之传统美德。

爱人者，人恒爱之〔1〕；敬人者，人恒敬之。

——《孟子·离娄下》

注释

〔1〕恒：常；久。

译文

仁者爱别人，有礼节的人尊敬别人。爱别人的人，别人总也爱他；尊敬别人的人，别人总也尊敬他。

解析

中国儒家哲学认为，作为德性本体的"仁"是各种社会政治制度的基础，形式和内容、本质与表现需要有机统一起来，一个人如果没有本质的仁爱之心，即所谓"不仁"，就不能很好地制定、遵守"礼制"；一个人如果"不仁"，就不能很好地作"乐"；故作为德性本体的"仁"是社会礼乐制度的基础。故每个人都要修养自己的仁爱之心，禀承这种仁爱之心，在日常生活中，就能关爱、尊敬他人；在政治生活中，就能爱惜民力，为政以德；在个人道德修养方面，就能以礼来约束自己，不做于礼不合、于心不安的事；在人际交往中，就能推己及人，有同情心。

仁者对他人充满仁爱之心。"仁者"就是有仁德的人，是有大智大勇、德行完满、关爱他人、有人格魅力和感召力的人。"仁"在孔子那里是最高的道德范畴和境界，以"爱人"为基本规定，意思是"仁"从孝父母、敬兄长开始，进而关爱家族其他成员，进而扩大至全天下的人。孟子将其提炼为哲学命题，并应用于治国理政，提出君子由亲爱亲人而仁爱百姓，由仁爱百姓而爱惜万物。在儒家看来，人之亲疏远近虽然有差等，但仁爱却是普遍的，它是构建和谐、友善社会的基础和目标。

集思广益　博施众利

圣人不积，既以为人，己愈有；既以与人，己愈多。天之
道，利而不害；圣人之道，为而不争〔1〕。

——《老子·八十一章》

注释

〔1〕积：积聚。既：尽。为：施。

译文

圣人不积聚财货，他尽量帮助别人，自己反而更为充足；他尽
量给予别人，自己反而更为富有。天道自然的规律是让万事万物都
得到益处，而不伤害它们；圣人的行为准则是多帮助别人，而不与
别人争夺。

解析

圣人不以积聚财货作为自己的人生目标，他尽量帮助别人，自
己反而更为充足；尽量给予别人，自己反而更加富有。这是《老子》
关于"上善之人"的价值观念与行为准则，体现了道家朴实无华的
辩证法思想。《老子》强调帮助别人的"为人"，以及给予别人的"与
人"，强调人与人之间应该充盈着"爱"与"无私"；并将"爱人""奉
献"与成就自己紧密联系起来，认为越是爱别人、为别人服务，也
就越有利于成就自己。可见，中华民族自古以来就倡导不遗余力帮
助他人。虽不求回报与感戴，但在这样做的过程中，客观上亦能够
有益于自己。引申开来，处理国与国之间的关系、构建社会和谐，
也同样应该遵循"为人""与人"的价值准则。

坤道其顺乎，承天而时行。积善之家，必有余庆；积不善之家，必有余殃〔1〕。

——《周易·坤·文言》

——《周易·坤·文言》

注释

〔1〕顺：柔顺。承：顺承。殃：灾殃。

译文

坤道多么柔顺啊，顺承天道，依时而行！常行善事的家庭，必定福庆有余；常做坏事的家庭，必定灾殃有余。

解析

这句话所传达的主要义理，就是人们所常说的"善有善报，恶有恶报"。常做善事、积善德的家庭，其子孙后代一般品行端正、善良有德性，家庭和谐、有福泽；常做坏事、积恶的家庭，其子孙后代自然容易品行不端，易受到法律的制裁。

《坤》卦六爻皆为阴柔，其"卦德"表现为"顺"。人们若顺依"善"道而行，即可得善之余庆；若顺着"恶"而行，则免不了要承受恶之余殃。且常行善事的人，其善之"余庆"，可以福及子孙；而长期作恶之人，其恶之"余殃"，亦可能祸及子孙。所以，对于善事、善举，人们要坚持不懈，勿以善小而不为；行善日久，自能积累功德、福及后代。

集思广益 博施众利

彼教苦，故民行薄〔1〕。

——《鹖冠子·天则第四》

136

注释

〔1〕彼：其。教：教化。苦：使痛苦，使难受。薄：不厚道，不庄重。

译文

其所施教化使百姓感到痛苦、难受，那么，百姓的行为便也变得不厚道、不庄重。

解析

这句话所传达的主要义理，就是人们所常说的"以民为本"。

中参成位，四气为政〔1〕。……先无怨雠之患，后无毁名败行之咎〔2〕。故其威上际下交，其泽四被而不鬲〔3〕。

——《鹖冠子·天则第四》

注释

〔1〕中：居中，不偏不倚。参：此指人能参赞天地之化育，与天、地共成三才。成位：成就其王者之位业。四气为政：四气指春之温、夏之热、秋之凉、冬之寒；政指政事，中国古代天人感应思想认为王者之政，应与天之四气相应，正如岁时寒暑移易、谓之败岁一样，统治者喜怒不当、哀乐失调，当喜而怒或当哀而乐等，也会造成乱世，所以，王者正喜以当春，正怒以当秋，正乐以当夏，正哀以当冬，此即四气为政。

〔2〕怨：怨恨。雠（chóu）：深切的怨恨。患：祸患。咎：过失，处分，凶咎。

〔3〕际：会合。交：交合。被：加。鬲：通"隔"，滞塞不通。

译文

圣王能参赞天地之化育，居中而不偏不倚，以成就其王业；他正喜以当春，正怒以当秋，正乐以当夏，正哀以当冬，合于春夏秋冬四气的为政之道。……圣王之治，前无他人对己之怨毒、仇恨的祸患，后无自己毁坏名誉、败坏德行之凶咎。以此之故，他的威德能上达于天、与天相合，下交于地、与地相交；其恩泽广被四方而无所阻隔。

|解析|

　　圣王治理天下、国家，广举贤良、才能之士，使其德与才皆能称位，名号尊卑各与其所具之德、才相应。以此之故，其恩泽能够广被天下之民而无所阻隔。他治理天下，并不出于计较、考虑自己个人之私利，而是行百姓之所愿、以百姓之心为心。因为百姓之心体现了价值评判的终极准则，而这正是大道之关键。

故天道先贵覆者，地道先贵载者，人道先贵事者〔1〕。……列地而守之，分民而部之〔2〕。寒者得衣，饥者得食，冤者得理，劳者得息，圣人之所期也〔3〕。

——《鹖冠子·天则第四》

注释

〔1〕覆：覆盖。载：承载。事：分内应做之职事。

〔2〕列：同"裂"，分之意。守：守卫。部：统率，统领。

〔3〕期：期盼。

译文

天道的可贵首先在于其能覆盖万物，地道的可贵首先在于其能承载万物，人道的可贵首先在于其能尽己分内之责。……圣人裂地而守护之，分民而统领之；使贫寒之人能有衣穿，使饥饿之人能有饭吃，使蒙冤之人能申其冤情而达于理，使劳苦之人能得到歇息。这是圣人所热切期盼成就的功业。

解析

圣王之法必随物、事之性的不同而制订，这恰是天之道的表现，故可以之为治政的必备之具。圣王适时而使用之，可以达成无为而无不为。地道的可贵在于其能承载天之所施、养育万物。如果不因循土地的特殊地形、地貌去种植不同的农作物，就不能够产出丰硕的果实；同样，圣人不伤害万物，不妄立、妄作某物，而是因循万物之性、无私意而顺生之。圣王治理天下、教化社会，不因顺百姓之真性，亦不能够真正有效地化民成俗。故圣王治理天下，并不出于计较、考虑自己个人之私利，而是行百姓之所愿、以百姓之心为心。

神明者，下究而上际，克啬万物而不可猒者也〔1〕。周泊遍照，反与天地总，故能为天下计〔2〕。明于蚤识，逢臼不惑，存亡之祥、安危之稽〔3〕。

——《鹖冠子·王鈇第九》

注释

〔1〕下究而上际：一本作"上究而下际"，究，探究；际，察。克：能。啬：爱惜。猒（yàn）：满足。

〔2〕泊（bó）：本义为停船，引申为栖止、停留、存在。反：同"返"，归本。总：总括，全部。计：谋虑、策划。

〔3〕蚤：同"早"，先。逢：遭遇；一本作"逢"。臼：当作"白"，同"迫"。祥：预先显露出来的迹象；凶、吉的预兆。稽：留止，决断。

译文

圣王禀神明之智，上能探究天之道、下能俯察地之理，爱养天地万物而无止息；其大爱无疆，遍及天下、普照四方，又返归于天地生物之仁这个根本，所以，就能够为利益天下而去谋虑、策划。因其能够对事物发展之苗头有所预见，故可以做出明智之选择；虽其遭遇非常之压迫，亦不为此困惑、难安。此乃存亡、安危之关键所在。

解析

圣王所具神明之智，探究事物之理则，与天之道、地之理相合一致，注意辨析、区分人之情性，使自己的行为、举止皆有法度可循，故其治理不至危殆天下。他生养万物而不损伤，如父母之爱其子；取、予皆合仁德，不贪不吝；各种政令简要不烦，法令能够取信于民；喜怒之情能够得其中正而不偏激，用兵从不以霸凌天下为目的，故能够享国长久。

病骨支离纱帽宽，孤臣万里客江干。位卑未敢忘忧国，事定犹须待阖棺。

——南宋·陆游《病起书怀》其一〔1〕

注释

〔1〕此诗乃南宋爱国诗人陆游被免官后所作。他一病 20 余天，愈后作《病起书怀》二首，这是其第一首。

译文

身体多病瘦弱，以致头上的纱帽显得宽大了；孤单一人，客居万里之外的成都江边。虽然职位低微，我却从不敢忘记要为国事分忧；一个人的功过是非，大概只有死后方能盖棺定论吧。

解析

陆游一生命运多舛、壮志难酬，此时年过半百，大病一场，又是被罢官之后一个人客居他乡，自然会觉得愁苦感伤。可他没有纠结于个人遭遇，反而更加忧心国事、一刻不敢忘怀，提出自己虽然职位卑微，但却从不敢忘记要为国分忧。其"位卑未敢忘忧国"和明清之际顾炎武的"天下兴亡，匹夫有责"一道，成为后世许多忧国忧民的寒素之士用以自警自励的名言。

集思广益　博施众利

力微任重久神疲，再竭衰庸定不支。苟利国家生死以，岂因祸福避趋之？

——清·林则徐《赴戍登程口占示家人》其二〔1〕

注释

〔1〕林则徐是清代政治家、思想家和诗人，曾两次受命担任钦差大臣，严禁鸦片、抵抗西方列强侵略。这首诗作于 1842 年 8 月，当时林则徐被革职、充军伊犁，途经西安，口占留别家人。诗中表达了林则徐在禁烟、抗英问题上不顾个人安危的牺牲精神。

译文

我能力低微而又肩负重任这么久，早已筋疲力尽。一再竭尽所能，以我的衰老之躯、平庸之才，定然是不能支撑了。但如果国家需要，我仍将不顾生死、把生命豁出来。难道能够在有祸之时就远远躲开，有福之时就积极迎受吗？

解析

只要对国家、人民有利的事情，自己就应当勇于承担，不惜生死；虽遭革职、充军，也无悔意。林则徐的这两句名言，对于如何处理个人与社会、国家之间的关系，提供了可资借鉴的价值准则。

辛苦遭逢起一经，干戈寥落四周星〔1〕。山河破碎风飘絮，身世浮沉雨打萍。惶恐滩头说惶恐，零丁洋里叹零丁。人生自古谁无死，留取丹心照汗青。

——南宋·文天祥《过零丁洋》〔2〕

注释

〔1〕起一经：指文天祥 20 岁科举通经考中进士。四周星：四年；文天祥于南宋德祐元年（1275），起兵勤王，至南宋祥兴元年（1278）被俘，前后约四年。

〔2〕文天祥是南宋名臣，此诗写作的背景，是蒙古铁骑南侵、意欲吞并南宋。文天祥不顾个人安危，毅然高举爱国、抗元义旗，将自己个人的命运与国家的命运紧紧关联在一起。

译文

我早年由科举入仕历尽艰辛，抗元之战艰苦困厄，如今战火消歇已熬过了四年。家国危在旦夕，恰如狂风中飘飞的柳絮；自身之经历哪堪言说，恰似狂风骤雨下的浮萍。惶恐滩的惨败，至今依然心感惶恐；零丁洋被俘，叹自己孤苦伶仃。但是，人生自古以来有谁能够长生不死呢？我要留一片爱国的丹心，光耀史册！

解析

虽然文天祥领导的抗元之战艰苦困厄，既有惶恐滩的惨败，也有身为俘虏、被押送过零丁洋的耻辱，但这丝毫没有削弱、动摇他的爱国决心，因为自古以来，没有谁能够免于一死，文天祥决心要

集思广益　博施众利

留取一颗爱国的忠心，照耀青史！文天祥杀身成仁、舍生取义的生死抉择，体现了难得的大丈夫为国捐躯的牺牲精神！

保天下者，匹夫之贱，与有责焉耳矣。

——明末清初·顾炎武《日知录》卷一三 [1]

注释

[1] 顾炎武（1613—1682），字宁人，人称亭林先生，南直隶昆山（今江苏昆山市）人，明末清初的杰出的思想家，与黄宗羲、王夫之并称为明末清初"三大思想家"，著有《日知录》《天下郡国利病书》《肇域志》《音学五书》《韵补正》《金石文字记》《亭林诗集》等。

译文

天下的兴盛与衰亡，即便是普通百姓也担负有义不容辞的责任。

解析

这句话源于明末清初思想家顾炎武所说"保国者，其君其臣，肉食者谋之；保天下者，匹夫之贱，与有责焉耳矣"。近代思想家梁启超等继承了顾炎武的这一思想，并将其概括为"天下兴亡，匹夫有责"，这句话最终成为中国家喻户晓的名言，对于激发中国人的爱国主义精神，唤醒人们心系民族和国家安危并以天下为己任，产生了巨大影响。

大道之行也，天下为公，选贤与能，讲信修睦。故人不独亲其亲，不独子其子，使老有所终，壮有所用，幼有所长，矜寡孤独废疾者，皆有所养〔1〕。

——《礼记·礼运》

┃注释┃

〔1〕大道：此指最理想的政治状态。行：施行。为：是，表判断。与：通"举"，选举，推举。修：培养。矜（guān）：通"鳏"，老而无妻的人。孤：幼而无父的人。独：老而无子的人。废疾：残疾人。

┃译文┃

大道施行的时代，天下为百姓所共有，品德高尚、才能突出的人被选拔出来管理社会，人与人之间讲究诚实与和睦。所以人们不仅仅爱自己的双亲，不仅仅抚养自己的子女，而是使老年人都能终其天年，壮年人都有用武之地，幼童都能得到抚育，无妻或丧妻的年老男子、无夫或丧夫的年老女子、丧父的儿童、无子女的老人以及残疾者都能得到照顾和供养。

┃解析┃

此乃儒家理想中的天下一家、人人平等、友爱互助的太平盛世，类似于西方的乌托邦，其主要特征是：权力和财富归社会公有；社会平等，安居乐业；人人能得到社会的关爱；货尽其用，人尽其力。

当今世界，各国人民前途命运越来越紧密相联。我们秉持"世界大同"、和合共生的传统理念,主张各国文化相互尊重,交流互鉴。但也要看到,孤立主义、单边主义在一些国家抬头,为对治此不良趋势,国际社会更应开放包容,坚持多边主义、坚持对话交流,这也是全球治理的重要内容。

为天地立心，为生民立命，为往圣继绝学，为万世开太平。

——北宋·张载《张子全书》卷一四〔1〕

注释

〔1〕张载（1020—1077），字子厚，凤翔郿县（今陕西省宝鸡市眉县横渠镇）人，又称横渠先生，北宋著名哲学家，与周敦颐、邵雍、程颐、程颢合称"北宋五子"。著有《正蒙》《横渠易说》《经学理窟》《张子语录》《文集》等，后人编为《张子全书》（《张载集》）。其"为天地立心，为生民立命，为往圣继绝学，为万世开太平"的名言，被称作"横渠四句"，因其立意高迈，历代传诵不衰。

译文

君子应当弘扬上天所赋予自己的天理、良知，将仁民爱物之心充塞于宇宙天地之间；君子应当引领、教化天下百姓，让每个人都显示其人生价值和生命意义；君子有责任把先圣快要断绝的学术传统继承下来，并将之发扬光大；君子有责任为后世开创千秋万代的太平基业。

解析

张载认为，天理既流行于宇宙大化之中，也依存于人心之中。人当依循天理，弘扬、拓展自己本有的仁民爱物之心，使之充盈于宇宙、天地间；引领、教化天下百姓，选择正确的人生道路，使每个人的生命皆有其意义和价值；将先圣快要断绝的学术传统加以继承并发扬光大；为后世开创出千秋万代的太平基业。

张载讲"为天地立心",旨在为其正心诚意的性命之学,寻找一个形而上的天道哲学依据。即通过将儒家的伦理道德赋予天道的神圣性,更好地引导、教化人们成就自己,这充分体现了儒家的"仁者气象"和"天人合一"的"天地情怀"。

集思广益　博施众利

一心可以丧邦，一心可以兴邦，只在公私之间尔〔1〕。

——北宋·程颢、程颐《二程遗书》卷一一

▌注释▐

〔1〕此句出自北宋理学家程颢、程颐对《论语·子路》一段经文的解释，整句为："推此义，则一心可以丧邦，一心可以兴邦，只在公私之间尔。"（《二程遗书》卷十一）

▌译文▐

存一种心可能导致亡国，存一种心可能使国家兴盛，全在当政者存心时公私间的一念之差而已。

▌解析▐

《论语·子路》记载，鲁国的仲弓做了季氏的家臣，向孔子请教怎样管理政事。孔子告诉他，首先要责成手下负责具体事务的官吏各尽其责；其次，要宽恕他们的小过错；再次，要选拔贤才来任职。由此，二程进行引申，认为将孔子此义推阐开来，则一种心可以导致亡国，一种心可以使国家兴盛，全在当政者公私间的一念之差而已。二程这里所说的"公"，有公平、公正等含义；而"私"则与"公"相对，有邪而不正、损公利己等意思。

公生明，廉生威〔1〕。

——明·年富《官箴》刻石

注释

〔1〕《官箴》乃中国古代居官之格言，明代官员年富曾为之刻石。其谓："吏不畏吾严而畏吾廉，民不服吾能而服吾公。廉则吏不敢慢，公则民不敢欺。公生明，廉生威。"

译文

处事公正才能明察是非，做人廉洁才能树立威望。

解析

这是明清两代一些正直廉洁的官吏用以自戒的座右铭。"公"即公正无私；"明"即明察是非，有很强的分辨力和判断力；"廉"即廉洁；"威"即威望，有令人信服的公信力。时至今日，它仍是执政者应当遵循的最重要的为官准则：执政当公平公正，在国家法律和规定程序的框架内进行；官员当以身作则，廉洁自律，克己奉公，不可以权谋私。

集思广益 博施众利

法不阿贵，绳不挠曲。法之所加，智者弗能辞，勇者弗敢争。刑过不避大臣，赏善不遗匹夫〔1〕。

——《韩非子·有度》〔2〕

注释

〔1〕阿：偏袒。挠：弯曲；屈服。避：回避。遗：遗漏。

〔2〕韩非乃战国末期法家代表人物，著有《韩非子》一书，共55篇，10万余字，他继承并发展了先秦法家思想，成为战国末年法家之集大成者。

译文

法律不偏袒权贵，墨线不随弯就曲。法律所制裁的，即便是智者也不能推脱、勇者也不敢争辩。惩罚罪过不回避大臣，奖励善行不遗漏百姓。

解析

法律对一切人平等，对权贵也绝不徇情偏袒。古代法家主张，治理国家应该不分贵贱亲疏，一切依据法律规定而予以奖惩。其主旨强调公正执法，法律面前，人人平等。这一主张为历代推崇，是"依法治国"思想的重要来源之一。

社会主义中国在发展中保障和改善民生，不断促进社会的公平正义。习近平总书记在中央政法工作会议上的讲话（2014年1月7日）中指出，法不阿贵，绳不挠曲，这就是法治精神的真谛。如果政法机关对老百姓不理不睬，而对有钱有势的人却高看一眼，那就没有什么社会公平正义可言了。人民群众每一次求告无门、每一次经历冤假错案，损害的都不仅仅是他们的合法权益，更是法律的尊严和权威，是他们对社会公平正义的信心。我们要重点解决好损害群众权益的突出问题，决不允许让普通群众打不起官司，决不允许滥用权力侵犯群众合法权益，决不允许执法犯法造成冤假错案。

集思广益　博施众利

法者，天地之正器也；用法不正，玄德不成〔1〕。

——《鹖冠子·泰鸿第十》

注释

〔1〕法：裁制其物而用之，谓之法。正器：正天下之器，故谓之"正器"。不正：不公正。玄德：生而不有、为而不恃、长而不宰的高深幽微之德性，如《道德经》所说："生而不有，为而不恃，长而不宰，是谓玄德。"（第十章）

译文

所谓法，乃裁制事、物之情而用之，是天地间端正人与万物的正器；法若不公正地使用之，则生而不有、为而不恃、长而不宰的高深幽微之玄德就确立不起来。

解析

法若不公正地使用之，则垂拱无为之治确立不起来。

地中有山，谦。君子以裒多益寡，称物平施〔1〕。

——《周易·谦·大象》

注释

〔1〕谦：《谦》卦，艮下坤上，艮为山，坤为地，地体卑下，山体高大而在地中，外卑下而内蕴高大之象，故为谦。裒（póu）：取出；减少。益：增益；增加。称：称量；衡量。平：平均。

译文

地中有山，卑下之中蕴其崇高，故为"谦"之象。君子观"谦"之象，高者下之，卑者上之，抑高举下，损过、益不及，称物之多寡，均其施与，使得其平。

解析

《谦》之卦象，地中有山，地体卑下，山体高大，地以卑而蕴山之高，"谦"之象。损高增卑，俾小大长短，各得其平，以趋于平，此"谦"意之一。另外，裒多益寡，称物平施，亦可以表达君子谦德之象。人之常情，自高之心常多，下人之心常寡，故抑其轻世傲物之心，增其谦卑逊顺之意，则自视不为过高，视人不为过抑，君子之谦德备矣。

大学之道，在明明德，在亲民，在止于至善。

——《礼记·大学》〔1〕

注释

〔1〕大学：指相对于小学而言的"大人之学"。明明德：前一个"明"作动词，发扬、弘扬的意思；后一个"明"作形容词，明德也就是光明正大的德性。亲民：程颐、朱熹等认为，"亲"应为"新"，亲民，也就是新民，使人弃旧图新、去恶从善；王阳明则认为"亲民"即亲近、爱戴民众的意思。至善：最完美的理想道德人格境界。

译文

"大学"的宗旨，在于弘扬人光明正大的品德，在于使人弃旧图新，在于使人达到最完善的道德人格境界。

解析

在中国古代，学习"穷理正心、修己治人"的学问被称为"大学"。儒家强调的"大学"，是大人之学、君子之学。其中，"明明德""亲民""止于至善"是《礼记·大学》著名的"三纲领"。所谓"明明德"，前一个"明"作动词用，其意为彰明、弘扬；后一个"明"则作形容词用，"明德"即光明正大的德行。"明明德"要求"大人"之学，首当弘扬人所本来具有的光明品性，即将每个人所禀受的人性之善引导、践行出来，不断彰显人性中德与善的力量。"亲民"，北宋理学家程颐认为当作"新民"解，其所谓"新"，有自新、革新的意思，即要使人不断图新、向新，也即一个人要不断修养自己的品行，使之日臻于完善。而明代心学大师王守仁则认为，"亲民"即亲近、爱戴民众的意思。"止于至善"，要求人们以达到最完美的道德人格境界为人生的理想、目标，即把对至善、至好的人性追求，当作人生的终极理想。中国古代先哲关于求学、为人、处世的"大学"之道，透露出其对道德理想人格的尊重和追求，成为人们在德性上不断完善自我、不断提升精神境界的重要价值引领。

集思广益　博施众利

上善若水。水善利万物而不争，处众人之所恶，故几于道〔1〕。

——《老子·八章》

注释

〔1〕几：近。

译文

至善之人具有如水一般的品德。水善于滋润万物而不与万物相争，处于众人所厌恶的卑下之处，因此水几近于道。

解释

最完美的善就像水的品性一样，滋润万物却不与万物相争。老子以水的这种柔弱之性比喻至善的执政者应有的品德。执政者面对百姓，应如水之于万物，辅助、成就百姓的自然而不与百姓相争。后多指为人处世时能像水一样滋润万物，尽己所能帮助他人却从不争名逐利，或者具有坚忍负重、谦卑居下的品格。

为政以德，譬如北辰，居其所而众星共之〔1〕。

—— 《论语·为政》

注释

〔1〕北辰：北极星。共：通"拱"；向。

译文

以道德教化来治理政事，就像北极星位于天空一定的方位，而众星都环绕着它运行。

解析

孔子在西周统治者一向秉承的"明德慎罚"的基础上提出了为后世儒家所遵循的"德政"理念。"德政"与"威刑"相对。"为政以德"并非不要刑法，而是将道德教化视为治国的根本原则与方法。统治者施行德政，则天下皆归之，如众星环绕北极星运转一般。

集思广益　博施众利

是故非澹泊无以明志，非宁静无以致远，非宽大无以兼覆，非慈厚无以怀众，非平正无以制断〔1〕。

——《淮南子·主术训》〔2〕

注释

〔1〕淡泊：恬淡寡欲，不重名利。宁静：安宁恬静，不为外物所动。致远：到达远处，即实现远大目标。

〔2〕《淮南子》（又名《淮南鸿烈》），是由西汉皇族淮南王刘安及其门客集体编写而成的一部哲学著作，以道家思想为主，糅合了儒、法、阴阳等家思想。《淮南子》著录有内篇 21 卷，中篇 8 卷，外篇 33 卷，至今存世的只有内篇，通行本为 21 卷，明正统《道藏》本将《原道》《俶真》《天文》《地形》《时则》《主术》《泛论》分为上下卷而成 28 卷本。

译文

不能做到淡泊名利，就不能彰明道德；不能做到心神宁静，就不能达到远大目标；不能做到心胸广阔，就不能兼蓄并包；不能做到慈爱宽厚，就不能安抚民众；不能做到公平中正，就不能掌控、决断。

解析

这是古代中国人所追求的自我修养的一种境界，其核心是对待名利的态度。淡泊名利才能明确自己的志向，心神宁静才能达到远大的目标。有容乃大、无欲则刚，淡泊明志、宁静致远。倡导人们不要贪图名利，为名利所累；要始终胸怀远大理想，专心一意地为实现远大理想而努力奋斗。

先天下之忧而忧，后天下之乐而乐。

——北宋·范仲淹《岳阳楼记》〔1〕

注释

〔1〕范仲淹（989—1052）：江苏吴县人，北宋著名政治家、军事家、文学家。他常以天下为己任，倡导"庆历新政"，成为王安石"熙宁变法"的前奏。其《岳阳楼记》中的"先天下之忧而忧，后天下之乐而乐"，是他一生爱国的真实写照。

译文

一个有责任、有担当的人，应当在天下人担忧之前而担忧，在天下人快乐之后，然后才享受快乐。

解析

此言出自北宋名臣范仲淹的《岳阳楼记》。在范仲淹看来，一个人应当为社会、国家的前途和命运分忧，为天底下人民的幸福出力；而不能仅仅只为自己个人着想、只为自己的祸福得失而喜而悲。

范仲淹这句名言表达了中国古代士大夫无论居"庙堂之高"，还是处"江湖之远"，时刻不忘以天下为己任的担当精神；也体现了一种居安思危的忧患意识；当然，还有"不以物喜，不以己悲"的旷达胸襟以及吃苦在前、享受在后的奉献思想。

功成而弗居。夫唯弗居，是以不去〔1〕。

——《老子·二章》

注释

〔1〕居：居功自傲。是以：因此。不去：不会失去。

译文

功成业就而不自居为功。正由于不居功，就无所谓失去。

解析

国家发展大计，非一人、一时所能完成，其中每个人都要尽到自己那一份职责，为后人做好铺垫、打好基础；不要考虑自己是默默无闻还是声名显赫，每个人皆应培育自己的大局观、责任感和奉献精神。

集思广益　博施众利

曾子曰："士不可以不弘毅〔1〕，任重而道远。仁以为己任，不亦重乎？死而后已，不亦远乎？"

——《论语·泰伯》

┃注释┃

〔1〕弘毅：宽弘、坚毅。

┃译文┃

曾子说："有远大理想抱负的人，不可以不刚强勇毅，因为自己责任重大，实现理想、目标的路途遥远。把推行仁爱、仁政当作自己的责任，不是很重大吗？直到死才停止，不是很遥远吗？"

┃解析┃

先秦时期，"士"是有一定社会地位、有理想抱负的知识分子，应当具有强烈的社会责任感、使命感。儒家认为，作为一个有远大理想抱负的"士"，不可以不刚强、勇毅，因为自己责任重大，而达成理想、目标的道路又很遥远。南宋理学家朱熹认为，此句中的"弘"，有宽广之意；"毅"，有坚韧不拔、强忍之意。因为非"弘"不能胜其重，非"毅"无以致其远，所以，士不可以不弘毅。正因为如此，"士"通常被看作是一种具有正面精神力量的人格范式，是一种生命气场呈现为正能量的人格形象。人们若想具备"士"的精神，就当心存仁爱，胸怀广阔，意志坚定，肩负远大理想，并能够为此而长期坚持奋斗。

夫《易》，开物成务，冒天下之道，如斯而已者也〔1〕。

——《周易·系辞上传》

注释

〔1〕开：揭示。务：事务。冒：总括。

译文

《周易》这本书，旨在揭示万物真相，确定行事原则并做好事情，总括天下万物的基本法则，如此而已。

解析

揭示事物的真相并据以做成事情。"开物"即揭开事物真相，弄清事物的内在联系和规律；"成务"即根据事物的内在联系和规律，确定适当方法，把事情做好做成。这是古人从《周易》的变化规律及社会功用中所悟出的认识世界、改造世界、服务社会的思想方法和行动纲领，蕴含着朴素的科学精神。

《易》"穷神知化""钩深致远"，旨在探寻事物变化的规律、法则，人的思想修养与行为实践应该与这种法则相应。

集思广益　博施众利

授人以鱼，不如授之以渔〔1〕。

——中国古代谚语

注释

〔1〕授：给予，传授。渔：捕鱼。或谓"授人以鱼，不如授人以渔"。

译文

送鱼给别人，不如把捕鱼的方法传授给他。

解析

与其直接给人某种东西，不如教人学会如何获得它的方法，使他能够通过自身的努力获得这种东西。其谚语蕴含的道理主要有：其一，在目标已定的情况下，达到目标的方法更重要；其二，帮助他人的长远有效的方法是使其自立。

习近平总书记在 2015 年减贫与发展高层论坛的主旨演讲中指出，授人以鱼，不如授人以渔。扶贫必扶智，让贫困地区的孩子们接受良好教育，是扶贫开发的重要任务，也是阻断贫困代际传递的重要途径。在国际事务方面，中国的对外援助不是单方面给予和简单的"输血"式援助，而是帮助对方筑巢引凤，提升其国家自我发展能力，共圆发展振兴之梦。

君子以成德为行，日可见之行也。"潜"之为言也，隐而未见，行而未成，是以君子"弗用"也。[1]

——《周易·乾·文言》

注释

〔1〕《文言》此句解释《乾》卦初九爻辞"潜龙勿用"之义。成德：成就道德。日：每天。

译文

君子要以博施济众、德性的完善为人生的重要目标，他的一切行动皆以完善德性、济众利人为基准，并且要体现在每天的日用常行中；"潜"意味着虽有美德，却隐而不显；虽有善行，却未致完成，对此，君子是不认可的，故说"潜龙勿用"。

解析

"成德"，既可以是成就自我的德性，也可以是博施普济的利他。君子当以此作为自己的人生目标。而且，此进德之努力，无一日而可或缺，当如天行之健健不息，故《周易·乾》之《大象》强调君子进德修业应自强不息。君子此"成德"之行，贵在落到实处，若不能落实，则如《乾》初九之"潜龙"，虽具龙之德，现实中却德不能成、功不能显，此则谓之"潜"而"勿用"，故君子对此是不认可的。

行其道者有其名，为其事者有其功〔1〕。

——《鹖冠子·泰录第十一》

注释

〔1〕名：神明之名。事：圣人之事。圣：圣人之功。

译文

行大道者有神明之名，为圣人之事者有圣人之功。

解析

践行大道的人，在现实中必能享有神明之名；行圣人之事的人，在现实中必能获取圣人之功。

因物之然，而穷达存焉〔1〕。之二也，在权在埶。在权，故生财有过富；在埶，故用兵有过胜〔2〕。财之生也，力之于地，顺之于天。兵之胜也，顺之于道，合之于人〔3〕。

——《鹖冠子·兵政第十四》

注释

〔1〕因：因循。穷：不通达。

〔2〕之二：此二者；之，此；二，指穷、达。权：权衡。埶：通"势"。生财：增加财富。过：过剩。

〔3〕生：增加。力：用力。顺：顺应。道：规律、道理。合：符合。人：人心。

译文

因循万物本有之自然天性，于其中自然可以区分何者通达、何者不通达。通达还是不通达，取决于人能否对事物之性进行权衡而乘其势，通过审时度势，顺天应人、与道相合。对事物本然天性作反复之权衡，人就可以使客观事物不断成为财富而生生不竭、超出于人之所需。因顺事物之性而乘其势，人就可以因其势用兵，而获得超出意想之外的胜利。追求财富的增长，人们可以通过致力于耕种土地、因应天时而劳作来获得；追求战争的胜利，人们可以通过遵循作战的规律、赢得人心之拥护来达成。

解析

因循万物本有之自然天性，对事物之性进行权衡而乘其势，人就可以使客观事物不断转化成财富而生生不竭、超出于人之所需，就能因其势用兵，而获得超出意想之外的胜利。

治大国，若烹小鲜。以道莅天下，其鬼不神；非其鬼不神，其神不伤人；非其神不伤人，圣人亦不伤人。夫两不相伤，故德交归焉〔1〕。

——《老子·六十章》

注释

〔1〕小鲜：古指生鲜、生鱼；一作味美。莅：临。

译文

治理大国，就像煎烹小鱼。用"道"治理天下，鬼神起不了作用；不仅鬼神不起作用，而且鬼神的作用干扰不了人；不但鬼神的作用伤害不了人，圣人有道也不会伤害人。这样，鬼神和圣人都不伤害人，故所有的德惠都归于民众。

解析

这是老子基于"无为"理念阐发的治理大国的基本原则。日常生活中，我们烹制小鱼，必须注意调和好各种佐料，精心掌握好火候，使每条小鱼都入味；同时不能多加搅动，多搅则易烂。同理，大国幅员辽阔、人口众多、地域差别大，治国者要精心周密、统筹兼顾，使利益能够惠及民众；另外，国家大政方针一旦确立，施政者不能朝令夕改。

集思广益　博施众利

天行健，君子以自强不息〔1〕。

——《周易·乾·大象传》

注释

〔1〕行：运化。健：强健。息：止。

译文

天地大化流行，生生未尝止息，不断展示其对人与万物的大爱；人既禀受天命之"仁爱"于其心，亦当效法天道生生之仁，自强不息，参赞天地之化育，不断展示自己对他人和万物的爱，永不停息。

解析

《易传》倾向于认为，天地有一个最大的德行，就是生息了人和万物，所谓"天地之大德曰生"，"生"就体现了天地对人和万物的"仁爱"。人法天生生之德，亦要自强不息，以成就自己的德为行动的目标，时刻将之体现在自己的日常践履之中。

引申来讲，人类的美好理想，都不可能唾手而得，都离不开筚路蓝缕、胼手胝足的艰苦奋斗。

地势坤，君子以厚德载物〔1〕。

——《周易·坤·大象传》

注释

〔1〕厚：增；培厚。载：承载。

译文

大地既深厚又宽广，能够包容、承载、成就万物；君子亦当效法地道的厚实与宽广，培厚自己的德行，增强自己的能力，使自己如同大地一样能够承载重任；包容他人和万物，使之各畅其志。

解析

《易传》关于个体安身立命，强调人们在进德、修业过程中，要有"厚德载物"的博大胸襟和包容意识。通过不断发掘和利用人类创造的一切优秀思想文化和丰富知识，我们才能更好认识世界、认识社会、认识自己、才能更好开创人类社会的未来。

集思广益　博施众利

勿以恶小而为之，勿以善小而不为！惟贤惟德，可以服人。[1]

——《三国志·蜀书·先主传》裴松之注

注释

〔1〕恶：作恶。善：为善；做好事。

译文

不要以为只是微小的坏事，就肆无忌惮去做；也不要以为只是微小的好事，就不屑去做。只有自己贤明、品德高尚，同时又能够选贤任能、使俊杰在位，这样才能得到他人的信服。

解析

这是三国时蜀主刘备在临终前教导自己儿子的遗言。中国传统文化指出，善以养德，德以养身，身有贤德，才能感召人、使人信服。中国古代的政治智慧——"德政"的核心，强调的就是为政者自身的道德品质修养。为政者需要时时刻刻、谨慎认真地分辨善恶，时时刻刻、认真严肃地择善去恶。所以，不能因其是微小的坏事，就肆无忌惮地去做；也不能因其是微不足道的好事，就偷懒而不去做。当今时代虽然强调依法治国，但法治亦应与德治相结合，通过德治的实施，来补充、完善法治的内容。

克明俊德，以亲九族。九族既睦，平章百姓。百姓昭明，协和万邦，黎民于变时雍〔1〕。

—— 《尚书·尧典》

注释

〔1〕克：能够。俊：通"峻"，大；高尚。平：分辨。章：彰明。

译文

帝尧能够明扬大德，使自己的氏族亲善。自己的氏族亲善以后，辨明部落百官族姓的等次。百官族姓的等次明晰之后，大大小小的诸侯国才能和谐共融，普通民众也才能变得和睦。

解析

古代有贤德的君主通过实行仁政，将天下诸侯都团结在自己周围，以实现不同民族的和睦和不同文化的互济。

"协和万邦"思想是中国文化整体和谐观的重要表现，是中华民族文化精神的核心观念。将这一观念所体现的精神落实在当代社会，则要求国与国之间，不论大小、强弱，皆要做到互信、互利、平等、协商，尊重多样文明、谋求共同发展，超越文明冲突、冷战思维、零和博弈等陈旧观念，这符合联合国宪章的宗旨和原则，对世界各国之间构建新型国际关系必将产生积极和深远的影响。

集思广益　博施众利

地上有水，比。先王以建万国，亲诸侯〔1〕。

——《周易·比·大象》

注释

〔1〕比：《比》卦下坤上坎，坤为地，坎为水，有水居地上之象，水与地亲密无间，故《比》卦之卦义为亲、比。比，亲近。

译文

水在地上，水与地亲密无间，故所以为亲、比之象。先王观水与地亲、比，故建立万国、亲抚诸侯，使上下亲密，以安天下。

解析

地上有水，水比于地、不容有间，圣王建国、亲侯，亦效法水地相亲比之理，使天下之人亲密无间。

天下兼相爱则治，交相恶则乱。

——《墨子·兼爱上》〔1〕

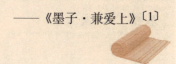

注释

〔1〕兼爱：是墨家学派的核心主张。与儒家"爱有差等"不同，墨家倡导"兼以易别"，主张爱无差等；并将"兼相爱"与"交相利"紧密联系，表现出若干尚功利的色彩。

译文

天下之人彼此相爱，则社会安定有序；相互厌恶，则社会纷乱不安。

解析

所谓"兼爱"，主张人与人之间要无差等地相互关爱。"兼爱"强调每个人都应像爱自己一样爱他人，像爱自己的家人、国人一样爱别人的家人、爱别国的人，这种相爱不分亲疏远近、尊卑上下，是平等的、没有差别的互爱。如果做到兼相爱，就能够避免人与人、家与家、国与国之间的相互攻伐、侵害，进而实现互利。

墨子认为能做到"兼相爱""交相利"，那么就会形成"天下之人皆相爱"的局面，这也是墨子对理想的国与国之间关系的一个设想。"兼爱"思想对于当前世界各国在全球事务中进行战略协作，发扬和平共处五项原则，坚持主权平等、公平正义、共同安全，坚持共同发展、合作共赢、包容互鉴，维护世界各国的共同利益，有重要的参考价值。

天下之人皆相爱，强不执弱，众不劫寡，富不侮贫，贵不敖贱，诈不欺愚。〔1〕

——《墨子·兼爱中》

▌注释▌

〔1〕敖：同"傲"，以之为作为骄傲的资本。

▌译文▌

普天下的人都相亲相爱，强大者不欺负弱小者，人多势众者不劫掠人少者，富贵者不欺侮贫穷者，身份尊贵者不鄙视身份卑微者，狡诈者不哄骗愚笨者。

▌解析▌

此句名言体现了墨子"兼相爱、交相利"的思想。墨子明确反对贵族、富人欺压民众，认为强大者不能欺负弱小者，富贵者不能欺侮贫穷者。他相信，凡真心爱护他人者，可得他人爱护之回报；凡真心利他者，亦可得他人利益之回报。相反，若总是仇恨、残害、憎恶别人，别人亦将回报其以仇恨、残害与憎恶。所以，社会中，人与人之间应该彼此爱护、无私利他，如此，天下就可以安定、太平。墨子倡导"兼相爱""交相利"，要人们彼此爱护、互相帮助、互通有无，强势者兼顾弱势群体的利益，从而达成天下大治。

古代中国"兼相爱""交相利"的和平、发展理念，已经成为中华文化的内在基因之一；其与"讲信修睦""协和万邦"等价值理念一道，皆可以为当代世界各国正确处理国与国之间的关系提供有益之参考。

有子曰："礼之用，和为贵。先王之道，斯为美，小大由之。有所不行，知和而和，不以礼节之，亦不可行也。"〔1〕

——《论语·学而》

▌注释▌

〔1〕有子：指孔子的学生有若。礼：朱熹以其为天理之节文，人事之仪则。和：和谐，恰当，有序。

▌译文▌

有子说："礼的应用，以和谐为贵。古代君主的治国方法，值得称道的地方就在这里，不论大事小事都依照'和'的原则去做。也有行不通的时候，如果一味为了和谐而和谐，而不用礼来加以节制，也是不可行的。"

▌解析▌

儒家之礼，以社会关系和谐为目标，就是使不同价值层级的人既保持一定差别又彼此和谐共存，各得其所，各安其位，相得益彰，从而实现全社会的"和而不同"。所谓"和"，即和谐、恰当，是在尊重人与事物差异性、多样性基础上的和谐共存，为儒家处理人际关系的重要伦理原则；后泛指人与人之间、团体与团体之间、国家与国家之间和谐、和睦、和平、融洽的关系状态，体现了中华民族反对暴力冲突、崇尚和平与和谐的"以文化人"精神。

众者，我而众之，故可以一范请也〔1〕。

——《鹖冠子·泰鸿第十》

注释

〔1〕我而众之：合诸多之"我"而成众。一范：以一"我"而为"众"之范例；范，范例。请：治理。

译文

所谓"众"，乃合诸多个体之"我"而成，故可以一"我"而为"众"之范例来治理。

解析

"众多"之所以成，乃合诸多个体之"我"而成，故可以一"我"而为"众"之范例来治理。

集思广益 博施众利

顺爱之政，殊类相通；逆爱之政，同类相亡〔1〕。

——《鹖冠子·泰鸿第十》

注释

〔1〕顺爱：顺人、物本性之爱。政：政治。殊：异。通：沟通。
逆爱：悖逆人、物本性之爱。亡：逃离。

译文

顺人、物本性之爱的政治，虽类别殊异不同，而可以相互沟
通；悖逆人、物本性之爱的政治，虽同类也会各自逃散、离去。

解析

《鹖冠子·泰鸿第十》这两段话，其前提是倡言大道的总括性、
统摄性。大道囊括万有而为一，故谓之"泰一"（也称太一）；天下
皆同之，故谓"大同"；广大无有边际，故谓之"泰鸿"。

其次，道以"法"来展示自己的存在，体现其统摄性、主宰性。
在此基础上，提出"顺爱之政，殊类相通""逆爱之政，同类相亡"，
认为顺人、物本性之爱的政治，虽类别殊异不同，而可以相互沟
通；悖逆人、物本性之爱的政治，虽同类也会各自逃散、离去。

故国虽大，好战必亡；天下虽安，忘战必危。

——《司马法·仁本第一》〔1〕

注释

〔1〕《司马法》是中国古代重要的军事著作之一。一般认为，《司马法》非一人所撰，可能出于数人之手，其流传至今已两三千年，亡佚很多。仅就现存的一些残篇，其中记载着从殷周到春秋、战国时期的一些古代作战原则和方法，对于研究那个时期的军事、政治思想，提供了重要的参考资料。

译文

国家虽然强大，但如果热衷于战争，必然会灭亡；天下虽然安宁，但如果忘记战争危险的存在，必然会使自己处于危险境地。

解析

"好战"指为了一己利益，不顾道义，一味对外挑起冲突和战争。凭借武力四处扩张、穷兵黩武，不仅给别国人民带来灾难，也会造成本国国力损耗、人民生灵涂炭而最终走向衰亡。

因此，古人认为，应该本着"和为贵"和"仁"的原则处理国内、国际事务，尽量避免战争发生；即便是为了保国安民而进行的正义战争，也是不得已而采取的行动。但是，不好战并不意味着可以"忘战"、可以无视战争危险的存在，因为它同样会将国家置于危险的境地。

唯天下至诚为能尽其性，能尽其性，则能尽人之性，能尽人之性，则能尽物之性，能尽物之性，则可以赞天地之化育，可以赞天地之化育，则可以与天地参矣〔1〕。

——《礼记·中庸》

注释

〔1〕天下至诚：形容圣人之德真实无妄，天下莫能超过之。尽：达至极限。性：此指天之所命于人、物的根本。赞：帮助，辅佐。参：作动词，有参与、加入的意思；作名词，即"三"。

译文

只有天下至诚之人，方能充分展示自己的天所赋之性。能充分展示自己的天所赋之性，推己及人，亦能充分帮助他人尽己所禀天赋之性。帮助他人尽其天赋本性，扩而充之，亦能充分发挥万物所禀之天赋本性。能充分发挥万物所禀之天赋本性，就能够帮助天地养育万物。能帮助天地养育万物，就可以与天、地并列而为三才。

解析

《中庸》认为人、物之性，亦我之性，但以所赋形气不同，故各有所异。通过尽己之性就能尽人和万物之性，达到道德的最高境界"诚"。君子以穷理为"明"，尽性为"诚"，有"自诚明"者，即先自其本性之善上有切身之理会，然后再扩而充之，以至于事事物物之理；亦有"自明诚"者，即先穷理，对事事物物进行学理的参究，领悟其法则、原理，然后再以之辅助自己发明良知本心，达到尽己之善性的可能。《中庸》虽然是从君子德性修养的角度，阐述人应当如何"参赞天地之化育"；然后，其所确立哲学方法论中，却也蕴含着人与宇宙天地万物为一体，人应该有辅天地万物之自然而使其不断臻于完美的责任与担当。

集思广益　博施众利

> 万物并育而不相害，道并行而不相悖。小德川流，大德敦
> 化，此天地之所以为大也〔1〕。
>
> ——《礼记·中庸》

注释

〔1〕育：生。害：祸害。悖：违背。敦：厚。

译文

　　天地间的万物共生、共长而不相妨害，日月、四时等同时运行而互不冲突。小的德行如河川一样到处流淌；大的德行如天地一样，化育万物、敦厚无私，这就是天地之所以广博伟大的地方啊！

解析

　　《礼记·中庸》以天地、自然界所具有的"万物并育而不相害，道并行而不相悖"的气度，来形容儒家孔子等圣人所具有的博大、宽容的"中庸"品性。孔子等儒家圣人具有"中庸"的道德品格，既鼓励人与万物各自活泼泼地生长、成就独特之自己，如"小德"之川长流不息；又能如天地无声无息化育万物那般，对他人与万物一视同仁，如"大德"之敦厚无私、生物无穷。因此，中国文化特别强调"中庸"，倡导君子要培养自己宽容、平和、兼收并蓄、博大恢宏的品格。引申开来，人与人之间、人与自然之间、国家与国家之间、不同文明之间，亦皆要包容宽大，共生共长，交流互鉴，取长补短，相辅相成。要积极树立双赢、多赢、共赢的新理念，摒

弃你输我赢、赢者通吃的旧思维，"各美其美，美人之美，美美与共，天下大同"。

与天地相似，故不违。知周乎万物而道济天下，故不过。旁行而不流，乐天知命，故不忧。安土敦乎仁，故能爱。范围天地之化而不过，曲成万物而不遗〔1〕。

——《周易·系辞》

注释

〔1〕不违：不违背天地自然。知：智。过：偏差。旁：《说文》释为"溥也"，广泛。不流：适得其中。安土：安处其地、随遇而安。敦乎仁：无适而非仁。范围：周遍法则。化：化育。过：偏失。曲：曲尽。

译文

天地自然运化与《易》理不相违背，圣人之德"与天地相似"，与天地之道亦不违背；《易》之理周遍万物、成就天下之事而无差错，圣人以《易》知万物之理，亦可以利天下而无差错；《易》周流六虚、变化无穷，虽流变、旁通而不失其正，圣人知天之化，乐而顺应之，故能处之泰然而无忧。自然界中，万物之性，静安于大地；人类社会中，圣人之性，敦厚于仁，故仁者方能够真正懂得如何爱人，周遍法则天地而施其化、无有过失，曲尽万物之理，周备而无遗漏。

解析

《系辞》将道家自然主义的宇宙意识和儒家的人文主义的价值理想、人文情怀巧妙地结合在一起。《系辞》认为，《周易》"穷神知化""钩深致远"，旨在探寻事物变化的规律、法则，人的思想修养与行为实践应该与这种法则相应。

天地交，泰。后以裁成天地之道，辅相天地之宜，以左右民〔1〕。

——《周易·泰·大象》

注释

〔1〕裁成：制止阴阳之过盛。辅相：补充阴阳之不及。左右民：助养其百姓；左右，辅助、保护。

译文

天地之气相交而阴阳和畅、万物茂遂、通达，故谓之"泰"。人君观天地之气交泰之象，体天地交泰之道，以阴阳和畅为标准，制止其太过、补充其不足，以助养其百姓。

解析

天地之气相和，则四时顺、百物生、民生安，但天地之气有时而失其序，此时，人君就要发挥其主观能动性，"裁成天地之道""辅相天地之宜"，有过则裁减之，有不足则补益之，保持天地之泰和，以助养百姓。或谓"裁成天地之道"，是指人君体天地交泰之道，而裁制成其施为之方，即观天地之道而成其自然法则以为民用；"辅相天地之宜"，是指人君辅助天地自然之变化，使之合乎时宜，使民不违。

天下雷行，物与无妄。先王以茂对时育万物〔1〕。

——《周易·无妄·大象》

注释

〔1〕无妄：《无妄》卦下震上乾，震为雷，乾为天，有天下雷行之象。物与：天下雷行、阳气普施，无物不与。茂：盛。对时：谓顺合天时。

译文

雷行于天下，阴阳相薄而发生万物；天命之所赋，洪纤高下各得其性命之正、无有差妄。先王观天下雷行发生、赋予之象，勉力配合天时，养育人民以至昆虫草木，使各得其宜。

解析

天道之运有其理则，先王循而行之，则万物化生。雷行于天下，阴阳交和，相薄而发生万物，洪纤高下，各正其性命，无有差妄。先王法天之道，养育人民以及万物，尽人、物之性，使各得其宜，此乃对时、育物之道。

集思广益 博施众利

调其气，和其味，听其声，正其形〔1〕。迭往观今，故业可循也〔2〕。首尾易面，地理离经，夺爱令乱〔3〕。上灭天文，理不可知，神明失从〔4〕。

——《鹖冠子·泰鸿第十》

注释

〔1〕调其气：协调其五行之气，如水之洌，木之温，火之炎，金之清，土之蒸。和其味：调和其五行之味，如水之咸，木之酸，火之苦，金之辛，土之甘。听其声：聆听其五行之声，如水之羽，木之角，火之徵，金之商，土之宫；声，指宫、商、角、徵、羽，又《素问·阴阳应象大论》："木音角，在声为呼；火音徵，在声为笑；土音宫，在声为歌；金音商，在声为哭；水音羽，在声为呻"，则以呼、笑、歌、哭、呻指五声。正其形：端正其五行之形，如水之平，木之曲直，火之锐，金之方，土之圆。

〔2〕迭往：溯往；迭，回顾。故：旧。业：事。循：遵循。

〔3〕首尾易面：首与尾变易其方向、顺序；面，面向。离：背离。经：常道。夺：剥夺。爱：所好；指天地、四时、五行、人物之本性。令：使。乱：悖逆。

〔4〕上灭天文：于上天言，掩没天道运行之法则。理不可知：于地而言，亦不可能知晓地之理。神明失从：于人而言，其神明亦失去了所当顺从的天地之则。

译文

协调五行之气，如水之洌，木之温，火之炎，金之清，土之蒸。调和五行之味，如水之咸，木之酸，火之苦，金之辛，土之甘。聆听五行之声，如水之羽，木之角，火之徵，金之商，土之宫。端正五行之形，如水之平，木之曲直，火之锐，金之方，土之圆。通过溯往以观今，往昔之旧业可以为当今之人所遵循。如果将天道循环之首尾变易其方向、顺序，使地之理背离其常道，褫夺天地、四时、五行、人物之本性，就会使天、地、人、物之性悖逆；于上天言，会掩没天道运行之法则；于地而言，使人不能知晓地之理；于人而言，其神明亦失去了所当遵从的天地之则。

|解析|

此段话提出圣人与道契合的方法与原则，在于如其自然，令人与物皆适其性分之全，不去改变其自然所生之天性、不散易其质朴之本色，以自然、无为作为权衡政事与天下之物是否合于道的重要法则。

同时，强调圣王与阴阳、五行之气流转相匹配，察四时节令变化而动，才可能建立起不世的功勋。如果将天道循环之首尾变易其方向、顺序，使地之理背离其常道，褫夺天地、四时、五行、人物之本性，就会使天、地、人、物之性悖逆。

入论泰鸿之内，出观神明之外，定制泰一之衷，以为物稽〔1〕。

——《鹖冠子·泰录第十一》

注释

〔1〕入论泰鸿之内：入则致力于广大无边的宇宙之内事务的治理；入，内、进入，"入"他本或作"人"；论，通"纶"，治理，如《周易·屯·大象》："云雷屯，君子以经纶"；泰鸿，广大无边之貌，此喻宇宙、元气。出观神明之外：出则致力于将天地和人的神明向外展示、显现；观，示范、显示，如《左传·哀公十一年》"诸侯之师观兵于郑东门外"。定制泰一之衷：静则制定数理、法度于泰一"大道"之中；定，静、安、止息；制，制定，如《周易·节·大象》："泽上有水，节。君子以制数度，议德行"；泰一，即"太一"或"大一"，大道囊括万有而为一，故谓之"太一"；衷，中。以为物稽：作为万物和人所取法、仿效的榜样；物，万物和人；稽，稽考、取稽、效法。

译文

圣人入则致力于广大无边的宇宙之内事务的治理；出则致力于将天地和人的神明向外展示、显现；静则制定数理、法度于泰一"大道"之中，作为万物和人所取法、仿效的榜样。

解析

圣人治理天下，向外展示、显现天地与人之神明；对内则制定数理、法度，其外、内皆与大道相合，故可以成为万物和人所取法、仿效的榜样。

陈体立节，万世不易，天地之位也；分物纪名，文理明别，神圣之齐也〔1〕。法天居地，去方错圆，神圣之鉴也〔2〕。象说名物，成功遂事，隐彰不相离，神圣之教也〔3〕。

——《鹖冠子·泰录第十一》

注释

〔1〕陈体：陈设整体。立节：确立支节。易：改易。分物纪名：区别品物，依类定名。文：原指物品的外表纹饰，此特指天之文。理：原指事物的内在条理，此特指地之理。

〔2〕法：效法、仿效；居：同"据"，依据、法则。去：开。错：相错、分。鉴：镜。

〔3〕象说名物：拟物类之象，以称名物。成功遂事：成就物之功，完成事之务。隐障不相离：幽隐之道与显明之事不相分离；如《中庸》："莫见乎隐，莫显乎微。"教：教化。

译文

陈设整体、确立支节，虽历万世之久而不改易，这就是天地之位；区别品物，依类定名，天之文与地之理有明确之辨别，神明圣哲之人以此来整齐万物。效法天之道、依据地之道，开地为九州、分天为九鸿，神明圣哲之人以之作为映鉴圣功的镜子。拟物类之象，以称名物；成就物之功，完成事之务，幽隐之道与显明之事不相分离，神明圣哲之人以此为教化的内容。

神明圣哲之人效法天之道、依据地之理，拟物类之象、以称名物，成就物之功、完成事之务，使幽隐之道与显明之事不相分离，以此作为教化的内容。

神圣之人，后先天地而尊者也。后天地生，然知天地之始；先天地亡，然知天地之终〔1〕。道包之，故能知度之；尊重焉，故能改动之；敏明焉，故能制断之〔2〕。

——《鹖冠子·泰录第十一》

|注释|

〔1〕后先天地而尊：神圣之人后天地而生、先天地而亡，而尊于天、地；此如《周易·乾·文言》所谓："先天而天弗违，后天而奉天时"。

〔2〕此句如《周易·系辞》所谓："圣人以通天下之志，以定天下之业，以断天下之疑。"

|译文|

神圣之人后天地而生、先天地而亡，而能够尊于天、地。虽然他后天地而生，却能够知晓天地始生之因；虽然他先天地而亡，却能够知晓天地终结之因。道囊括天地，神圣之人其智与道合，故能以其智知天地之理而忖度之；尊崇、重视大道，故能循大道而行、参赞天地化育，改造、变动不合于道的事与物。神圣之人思想敏锐、聪明睿智，故能够以道裁制、决断天下之事与物。

|解析|

道囊括天地。神圣之人其智与道合，故能以其智知天地之理而忖度之；能够参赞天地化育，改造、变动不合于道的事与物；能够以道裁制、决断天下之事与物。

彼天地动作于胸中，然后事成于外；万物出入焉，然后生物无害[1]。阖阖四时，引移阴阳，怨没澄物，天下以为自然，此神圣之所以绝众也[2]。圣原神文，有验而不可见者也。故过人可见，绝人未远也[3]。神明，所以类合者也。故神明锢结其纮，类类生成，用一不穷[4]。影则随形，响则应声。故形声者，天地之师也。

——《鹖冠子·泰录第十一》

注释

〔1〕生物：一切有生命之物。无害：不违背道之规律、法则。此句类《孟子·尽心上》："万物皆备于我矣，反身而诚，乐莫大焉。"

〔2〕阖阖（kāi hé）四时：因其时而顺序开启、闭结春、夏、秋、冬四季；阖，开；阖，合、关闭。《道德经》谓："天门开阖，能为雌乎？明白四达，能无知乎？"（十章）引：施引。移：运移。怨：与"苑"通，养物的场所，引申有生、养之意。没：灭、杀。澄：定。绝众：超绝于众人之上。

〔3〕过人：超出于众人之上。绝众：超越人之外。

〔4〕合：统合。锢：通"固"，坚固。纮：本义指古代冠冕上的系带，此处"纮"通"宏"，有宏大、宏富的意思。类类：种类繁多的意思。一，指同一的道之神明。穷，穷尽。

译文

天地万化之动，其规律、法则可存于人的心胸之内；人将此规律、法则实施出来，其事功就可以成就于外。万物因循规律、法则

集思广益　博施众利

而出入，如此则一切有生命之物皆合于道而不违背之。圣人因其时而顺序开启、闭结春、夏、秋、冬四季，施引、运移阴阳二气，生、杀以成物，天下之人却皆以其为人与万物的自然之性所致。这就是神明圣智之人之所以能够超绝于众人之上的原因所在。道的神明之文为圣人所探究、取法，其功可验、其形不可见；而那些略微超出于众人之上者，却还可以为众人所知，因其超出众人的程度不是太多的缘故。道之神明旨在统合、总摄万类，故神明能够牢固地维系宏富之万类；繁富之物类各各生成，各种人、物之类属皆因同一的道之神明而生成。

▌解析▐

　　《鹖冠子·泰录》强调"行大道者有神明之名，为圣人之事者有圣人之功"。圣人智与道合，尊崇、重视大道，故能循大道而行、参赞天地化育，改造、变动不合于道的物与事；其入则致力于广大无边的宇宙之内事务的治理；出则致力于将天地和人的神明向外展示；静则法泰一之"道"，制定数理、法度，作为万物和人所取法、仿效的榜样。圣人能够做到既不失道之本、亦不弃其功之末，故能够使道之神明贯通于宇宙天地以及人与万物之终始。

道有度数，故神明可交也；物有相胜，故水、火可用也；东、西、南、北，故形名可信也〔1〕。

——《鹖冠子·世兵第十二》

注释

〔1〕度：可供计量的性质。数：数理、数目、准则。交：交往、连接、相通，一说"交"或作"效"，意思是人的神明可以效法道之法度、数理。相胜：即相克的意思。水火可用：水与火之性虽相反而可以相用；大抵如火太盛、太过则以水制之，反之亦如是。形：本义为象形、形体，如《周易·系辞》："在天成象、在地成形"，此指各种自然环境或地表的自然特征，"形"亦可作动词，有显露、显示之意。名：名称，"名"亦通"明"，明白之意，如《道德经》："是以圣人不行而知，不见而名"（四十七章）。信：诚、真实、不虚妄。

译文

大道运化万变，其中有可计量的法度、数理、准则，因此，人的神明可与之相通。物与物之间，其性可以相生、相克，因此，水与火之性虽相反而可以相用。天地有东、西、南、北四方之位，故自然环境与地表方位特征之名称，皆确定、明白而可信，真实而不虚妄。

解析

《鹖冠子·世兵》综论用兵之道。提出"道有度数""物有相胜"，认为大道运化万变，其中有可计量的法度、数理、准则；物与物之间，其性可以相生、相克。人通过精研、惯习其道，就能够挥洒、运用如神之妙。此承《道德经》"尊道贵德"思想发展而来，但更强调人对道运化万变之理及物性之相生、相克的妙用。

人法地，地法天，天法道，道法自然〔1〕。

——《老子·二十五章》

注释

〔1〕法：前三个"法"字，作动词用，效法的意思；后一"法"字，作名词用，方法、性质，《老子·河上公注》注此句，认为其意为"道性自然，无所法也"。

译文

人效法地，地效法天，天效法道，道性自然。

解析

我们的古人在很早以前就已经意识到，人类不是自然的主宰，不能脱离自然界而独立存在；人是自然的一部分，要与自然相互依存、相互促进、共处共融。在道家看来，宇宙万物包括人类在内皆禀有本体之道或本体之性，万物包括人都是对此本体之道或本体之性的充分展开，故而万物和人只有遵循这些规律、法则，才可能与天道合一、取得成功。人与道相合，就不能主观地破坏自然的规律，而是要循自然规律而行，才能达到与天地合一。这表明人对天道乃至万物应持尊重的态度，当然也包括对自然规律的尊重。

以类合之，天人一也。

——汉·董仲舒《春秋繁露·阴阳义》〔1〕

注释

〔1〕董仲舒（前 179—前 104），河北广川人，西汉著名思想家、今文经学大师。汉武帝下诏征求治国方略，董仲舒在其著名的《举贤良对策》中系统地提出了"天人感应""大一统"等学说，《春秋繁露》是其代表作。

译文

以事类相合来看，天与人是一体的。

解析

天人合一这种宇宙观旨在强调天地和人之间的整体性和内在联系。"天人合一"在历史上有不同的表现方式，如孟子认为通过心的反思可以知性、知天，强调心、性和天之间的统一；董仲舒认为道之大原出于天，人与天相类而可相合；宋儒寻求天理、人性和人心之间的相通；老子则主张"人法地，地法天，天法道"。故根据对天和人理解的不同，"天人合一"也会具有不同的意义。

喜怒哀乐之未发，谓之中；发而皆中节，谓之和。中也者，天下之大本；和也者，天下之达道也。致中和，天地位焉，万物育焉。"

—— 《礼记·中庸》〔1〕

注释

〔1〕《礼记》是先秦至汉初儒家解释《礼》经的一部文集总汇，《中庸》《大学》乃《礼记》中的两篇，很受后世儒者的推崇。关于"中庸"的"中"，一般认为有适中、中和，不偏不倚，无过无不及的意思；"庸"则有平常的意思。

译文

喜怒哀乐之情感没有发动，可以称之为"中"；喜怒哀乐的感情发动后，皆能适中且有节度，可以称之为"和"。"中"，乃天下之根本，"和"，乃天下共同遵循的法度。达到了"中"与"和"，天地就会各安其位，万物便会生长发育。

解析

《中庸》强调君子修养自己要时刻保持中道，无过无不及。若人人都能达到"中和"，则整个社会中，大家都心平气和，社会与自然界也能相和谐，天下就太平无事了。

孔子认为，中庸是一种美好的德行与修养方法，"子曰：中庸之为德也，其至矣乎！民鲜久矣"（《论语·雍也》），一般人不容易做到中庸。当然，儒家认为"中庸"与"乡愿"是有区别的。所谓"乡愿"，就是无原则地迎合，四面讨好、八面玲珑，其行为看似不偏不倚，但却违背了中庸之道的根本。故孔子说："乡愿，德之贼也"（《论语·阳货》），孟子也说："同乎流俗，合乎污世，居之似忠信，行之似廉洁，众皆悦之，自以为是，而不可入尧舜之道，故曰'德之贼'也。"（《孟子·尽心下》）所以，真正的中庸之道，应有内在的道、义主乎其中，正所谓"君子和而不同"（《论语·子路》），"君子之于天下也，无适也，无莫也，义之与比"（《论语·里仁》）。正因为有"义"在，君子在处理事物时就能够以"义"为标准，仔细权衡，做出符合中道的行为。

参 考 文 献

（汉）司马迁：《史记》，中华书局 1982 年版。

（清）刘宝楠：《论语正义》，中华书局 1980 年版。

（清）焦循：《孟子正义》，上海书店 1986 年版。

（清）王先谦：《荀子集注》，中华书局 1986 年版。

（清）孙诒让：《墨子间诂》，中华书局 2001 年版。

（清）王先慎：《韩非子集解》，中华书局 1998 年版。

（清）孙星衍：《尚书今古文注疏》，中华书局 2004 年版。

（魏）王弼著，楼宇烈校释：《王弼集校释》，中华书局 1980 年版。

（清）苏舆：《春秋繁露义证》，中华书局 1992 年版。

（宋）范仲淹：《范仲淹全集》，中华书局 2020 年版。

（宋）张载：《张载集》，中华书局 1978 年版。

（宋）程颢、程颐：《二程集》，中华书局 1981 年版。

（宋）苏轼：《苏轼全集》，上海古籍出版社 2000 年版。

（宋）朱熹：《朱子语类》，中华书局 1983 年版。

（宋）朱熹：《四书章句集注》，中华书局 1983 年版。

（宋）朱熹：《朱子全书》，上海古籍出版社、安徽教育出版社 2002 年版。

（宋）陆游：《陆游集》，中华书局 1976 年版。

（宋）文天祥：《文天祥诗集校笺》，中华书局 2017 年版。

集思广益　博施众利

（清）魏源：《魏源集》，岳麓书社 2011 年版。

（清）李光地：《周易折中》，四川出版集团巴蜀书社 2008 年版。

（清）顾炎武撰，黄汝成集释：《日知录集释》，中华书局 2020 年版。

周振甫：《诗经译注》，中华书局 2012 年版。

高亨：《老子正诂》，清华大学出版社 2011 年版。

黄怀信：《鹖冠子汇校集注》，中华书局 2004 年版。

何宁：《淮南子集释》，中华书局 1998 年版。

王利器：《盐铁论校注》，中华书局 1992 年版。

韩震、章伟文等编著：《中国的价值观》，中国社会科学出版社 2016 年版。

章伟文编著：《中国传统价值观及其当代转换》，四川人民出版社、学习出版
社 2018 年版。

责任编辑：赵圣涛

版式设计：顾杰珍

图书在版编目（CIP）数据

集思广益　博施众利／章伟文 编著 . —北京：人民出版社，2022.5

（典亮世界丛书）

ISBN 978－7－01－024008－4

I. ①集⋯　Ⅱ. ①章⋯　Ⅲ. ①中华文化－通俗读物　Ⅳ. ① K203–49

中国版本图书馆 CIP 数据核字（2021）第 233447 号

集思广益　博施众利

JISIGUANGYI BOSHIZHONGLI

章伟文　编著

人民出版社 出版发行

（100706　北京市东城区隆福寺街 99 号）

北京中科印刷有限公司印刷　新华书店经销

2022 年 5 月第 1 版　2022 年 5 月北京第 1 次印刷

开本：710 毫米 ×1000 毫米 1/16　印张：13.5

字数：240 千字

ISBN 978－7－01－024008－4　定价：66.00 元

邮购地址 100706　北京市东城区隆福寺街 99 号

人民东方图书销售中心　电话（010）65250042　65289539